小小探究家

幼儿园项目探究活动

华 婷 编著

复旦大學 出版社

目 录

序

支持孩子"看"世界　001

绪 论

一、课程观的发展与转变　002

二、"项目探究活动"的探索之路　003

三、本书内容框架　009

主题 **1**

小宁的餐厅——餐桌上的探究

项目1　吃出一道彩虹　019

　　　▶ 制作彩虹菜　027

项目2　我们的中餐馆　034

项目3　一片茶叶的旅行　047

主题 2

小宁的衣帽间——衣服的秘密

项目1　好看的衣服　065

项目2　小小纽扣博物馆　076

项目3　小小设计师——漂亮的洋裙　089

 小小设计师　096

主题 3

小宁的花园——我们爱自然

项目1　给瓢虫造家　103

项目2　树的项链　118

 学会测量　122

项目3　有趣的草木染　137

好看的草木染　146

主题 4

小宁的幼儿园——我们爱生活

项目1　我的一天我做主　153

项目2　小宁开班会　168

项目3　小宁做大船　181

开船吧！　188

结语　193

序

支持孩子"看"世界

"这是什么？""为什么？""我能试一试吗？"……

在孩子的世界里有很多"小问号"，这是他们对生活的世界充满好奇和求知欲望的天性。尊重孩子的天性，保护孩子的求知欲望，支持孩子主动探究，就是支持孩子拥有"看"世界的"望远镜"。

为了支持孩子探究，2018 年，上海市大宁国际幼儿园（以下简称"大宁国际"）开始尝试让孩子"做项目"。在上海市市级课题"指向幼儿主动探究的项目式学习研究"的引领下，通过不断学习、思考、实践、循证、理解和反思，我们从最初的"摸着石头过河"，慢慢看到了项目探究活动"大道至简"的路径。在过程中我们深刻感受到，对孩子来说，"做项目"就是基于自身探究问题的、快乐而又积极的主动学习体验。

在过去的五年里，孩子们完成了一次次激动人心的探索之旅，大宁国际的老师们也一直学习站在孩子的立场、用孩子的视角看待世界，支持孩子走进、探究生活世界的多彩斑斓。例如，小班孩子寻找五颜六色的蔬果，体验"玩彩虹"的有趣，了解"吃出一道彩虹"的意义；中班孩子发现了衣服上的纽扣不一样，基于兴趣展开了对纽扣的探索，有的孩子说"原来纽扣还有那么多的秘密"，有的孩子自信地成为"纽扣设计师"；大班的孩子在主题活动中亲手给幼儿园的大树打造一条专属项链，并由此展开了一项从认知经验出发，走向科学探究和生态环保的学习行动。更让我们出乎意料的是，大班孩子们在"我是中国人"主题活动中自发生成了"项目"，从发现"中国茶"，探索一片茶叶的旅行，到寻找有历史和文化的故事，再到引发一场关于"丝绸新路"的讨论……学习、探究就像一次奇妙的旅行，孩子带给我们太多的惊喜，也让我们看到了一个个会发现、会观察、会提问、会合作、会解决问题、会表达表现和尝试反思并调整自己想法的孩子。

回望过去的五年，其实我们在做一件简单的事情，即不断退后、不断放手，蹲下来看看孩子们的所思所想，把游戏、学习的自主权重新归还给孩子。我们也在做一件不简单的事情，即放下自己曾经的"金科玉律"，抛掉很多烂熟于心的"常识"，和孩子一样，重新成为一个充满好奇心、想象力和行动力的人。在这个过程中，我们一次次惊叹于孩子的力量，他们天生的好奇心和活力带我们经历着一个个多彩的项目；同时，我们也深深感受到家长的智慧与力量，他们来自不同学科背景和行业，帮助我们丰富了很多项目背景知识。更重要的是，给予了我们把"支持孩子探究"进行到底的决心。最终，我们改变了课程思维，构建了新的课程形态，一切从"支持孩子发展"出发，让课程、环境成为支持孩子学习与探究的资源，让孩子的学习从教师预设走向基于孩子的发展需要。

"支持孩子'看'世界"的理念已经渗透到支持孩子"做项目"的细节中，在项目探究中，教师引导着孩子从发现周围生活世界出发，实现由近及远的学习与探究。也许，在若干年后，孩子们可能会忘掉这些项目的细节，但是他们可能终身无法忘怀在"做项目"中所感受到的"高光时刻"，以及对自己充满信心和肯定的情绪体验。我们坚信这份美好和教育的力量会让孩子们受益终身，永怀学习的热情。

关于"支持孩子主动学习与探究"，大宁国际的教师们有很多反思与心得，并对孩子的探究过程进行了翔实的记录。在这里梳理、精编，以作为大宁国际"项目探究活动"的"教学纪录片"。希望梳理后的记录，能够展现教师在过程中的观察和思考，也希望这些记录与思考能作为我们未来教学育人之路再出发的起点。我们的经验与思考若能对教育同人有一定启发与借鉴，我们将深感欣慰。

谨以此记录并期待我们未来更加精彩的项目探究之路！

华 婷

上海市示范性幼儿园、上海市静安区大宁国际幼儿园园长

绪 论

大宁国际幼儿园（以下简称"大宁国际"）建园以来，在办园实践中不断思考和解决这两个问题：我们要培养怎样的人？该怎样支持孩子的发展？基于大宁国际所处社区的生源多元、文化交融、资源丰富等特点，我们曾开展过一系列面向教师、家长和孩子的全方位调研，旨在让幼儿园的课程更符合多主体的期待，更贴近孩子的生活，进而更能满足孩子发展的需要。

幼儿园课程的最终意义是促进孩子经验的生长，赋予孩子有价值的经历。2018 年，大宁国际基于对课程与幼儿发展的深入思考所申报的上海市市级课题"指向幼儿主动探究的项目化学习研究"成功立项。也由此，对项目化学习的研究在大宁国际内拉开了序幕，大宁国际的孩子就此开始尝试"做项目"。

项目化学习（Project-Based Learning）是一种基于问题驱动，由学习者主动探索现实世界、解决问题，进而获得相关经验，并能看到探究成果的动态学习方法。

为什么让孩子"做项目"呢？国际上关于幼儿成长与发展的相关研究为幼儿"做项目"给予了很多肯定的评价。卡瑟伍德（Catherwood）于 1999 年发表的基于幼儿成长与发展的相关研究报告中提出这样的结论：3～4 岁的幼儿已经发展出庞大而复杂的，且与世界相关联的知识；幼儿教育工作者的任务，可能是需要进一步联结及运用幼儿已具有的认知经验，让幼儿全心投入学习，支持幼儿联结各领域知识与经验，而这些经验有可能影响或增加幼儿大脑神经系统的丰富性。这项研究从脑科学的角度证明了项目化学习的价值。众多实践证明，支持幼儿园的孩子"做项目"，能帮助孩子形成积极主动的学习态度，提升孩子持续探究的能力，帮助孩子运用并整合已有经验去解决问题以及建立良好的思维品质。

大宁国际基于对项目化学习的科学认知，引导幼儿关注生活世界的"衣、食、住、行"，发现幼儿感兴趣并有价值的问题，让幼儿的主动学习在生活中自然发生。在课题引领下，大宁国际一方面积极探寻幼儿进行项目探究活动的方法，另一方面不断提炼教师支持幼儿项目探究活动的策略，让大宁国际所倡导的"支持孩子'看'世界"的课程理念在幼儿"做项目"过程中慢慢"落地"。

那么，支持幼儿主动学习与探究的课程环境如何创设？幼儿园的项目探究活动如何开展？如何支持幼儿成为生活的主人、学习的主人？本书梳理、甄选了大宁国际幼儿项目探究活动的 12 个优秀案例，它们完整地呈现了项目探究活动的推进过程。每一个案例都是课程的缩影，它的背后，是幼儿园发展中的课程观，关乎培养怎样的人，怎样培养人，做怎样的课程，课程观指引着项目探究活动的育人方向和课程走向，让我们走出一条"项目探究活动"的探索之路，其关乎幼儿园课程发展，包括课程环境、教学方式等关键内容，促使课程形态和育人方式发生改变。

在项目化学习的研究中，我们生成了完整的支持幼儿学习、探索的活动环节与步骤，这些环节与步骤都体现了项目探究中的"闭环思维"。这12个案例都是按照统一的环节与步骤呈现活动的推进过程，这些环节与步骤有着可复制的特点。本部分将会详细解读各环节的生成、实施、反思等经验，以与志同道合的读者们分享，共同感悟幼教人在教育探索之路上的努力与成长。

一、课程观的发展与转变

课程观是对课程的认识和看法。纵观课程观的发展，我们经历了从把"课程"概念界定为"名词"，即学科知识、预设性的活动，走向了"动词"，即经验的轨道和生成性过程体验。课程为孩子的成长发展提供了一条跑道。课程观的改变与发展带来了对"培养怎样的人"，即育人目标的思考，以及"怎样培养人"，即育人方式的变革。幼儿园坚持的"项目化活动"研究就是在课程观的改变中生成和发展的。

1. 培养怎样的人——育人目标的思考

2014年教育部研制印发了《关于全面深化课程改革落实立德树人根本任务的意见》，提出"教育部将组织研究提出各学段学生发展核心素养体系，明确学生应具备的适应终身发展和社会发展需要的必备品格和关键能力"。它包含了"文化基础、自主发展、社会参与"3个维度，以及"人文底蕴、科学精神、学会学习、健康生活、责任担当、实践创新"6个要素。幼儿阶段核心素养与《3—6岁儿童学习与发展指南》实现了紧密对接，涵盖了3个维度、6个要素、18个基本点以及32个学习和发展目标，与国家教育方针所提出的"培养德智体美劳全面发展的社会主义建设者和接班人"实现和谐统一，成为我们育人的目标和依据。幼儿教育是对未来所需的胜任力的早期准备。"主动学习与探究"在32个学习和发展目标中处于关键性地位，它是孩子学习兴趣、态度、能力、方法的聚焦点，也是培养孩子面向未来所需综合素养的关键能力。

基于对学前儿童核心素养的分析，以及对幼儿当下和未来发展需求的一体化思考，结合办园特点，大宁国际提出：要培养面向未来，有中国情怀、国际视野的"四有小宁"（"小宁" 的形象是一个地球宝贝，"小宁"是沪语"小孩"的谐音，他是大宁国际的视觉识别形象），即有健康活泼、文明乐群的身心，有自主自信、合作包容的态度，有大胆想象、好奇探究的能力，有共享共情、多元表达的情趣。这是我们将幼儿核心素养进行园本化解读与归纳后，所转化的园本化育人目标。《小小探究家——幼儿园项目探究活动》就是我们落实育人目标，培养幼儿学习兴趣、态度、方法和能力等综合素养的有效行动。

2. 怎样培养人——育人方式的变革

"支持孩子'看'世界"是大宁国际在发展中形成的课程观，也是我们一直坚持的教育理想和信念。怎样培养人？在幼儿园内，课程是最直接的途径，课程形态与教学方式决定了我们的育人路径。课程理念的落地，就是将它与课程设计和环境创设建立联系，与孩子、教师、家长等不同主体建立联系。

在近五年围绕"指向幼儿主动探究的项目化学习研究"的实践中，我们发现从教师主导走向幼儿主体，并非极端主义的跨越，而是行走在"0～1"之间（如图绪论 -1）。

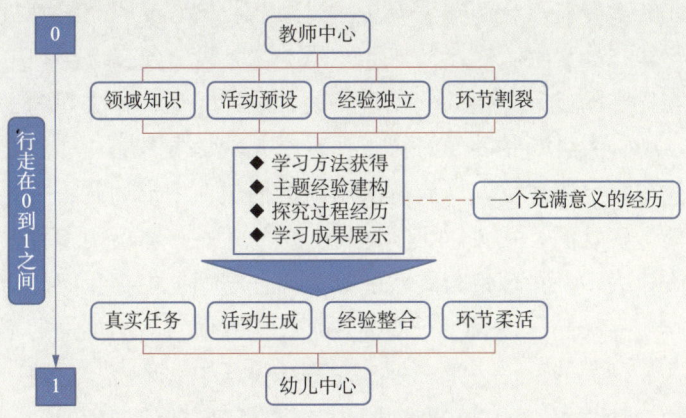

图绪论 -1　变革中的育人方式

如果说，"教师中心、领域知识、活动预设、经验独立、环节割裂"是0，那么，"幼儿中心、真实任务、活动生成、经验整合、环节柔活"就是1。我们理想的课程活动源于孩子学习本能、贴近生活，是有意图的探究实践活动，是一段有指导的成长经历，是一次有意义的教育事件。因此，强调幼儿主体，并非弱化教师的作用，而是在幼儿整合运用已有经验、提升新经验的过程中，教师给予有效的支持。"行走"的过程从宏观角度讲就是育人方式变革，从实践层面讲是一个有意义的经历，也是幼儿在项目化学习过程中所能预见的成长，即"学习方法"的获得——发现、探究、思考、合作、分享、表达、依托资源等，"主题经验"的建构——梳理、重组、整合、提升，"探究过程"的经历——问题驱动、发现问题、解决问题、反思方法，"学习成果"的展示——自信表现、多元表达。

不断发展的课程观指引着大宁国际站稳儿童立场，支持幼儿用自己喜欢的方式对当下生活主动体验和表达，对未知世界积极探索和发现，支持幼儿在小小的幼儿园里获得"看"世界的"望远镜"，让幼儿拥有对周围生活、对所生活的城市、对中国的初步认知，以及对地球、对人类、对未来的美好憧憬。

二、"项目探究活动"的探索之路

我们的项目探究活动伴随着课题"指向幼儿主动探究的项目式学习研究"不断走向深入。它是理论与实践的互为印证和迭代优化，也是行走在0和1之间的充满意义的学习和探索经历；它是一种联结性文化创造过程，让课程理念在环境中可见、在活动中可见、在教师的教育行为中可见，促使"主动学＋有效支持"的活动样式不断成熟完善。在这条探索的路上，我们重点研究了四个关键内容，解决了在幼儿园开展项目探究活动中的实践问题。

1. 基于 PBL 的教学方式研究

PBL，即 Project-Based Learning，译为"项目化学习"，是一种基于问题驱动，学习者主动探索现实世界，问题得到解决，获得相关经验，并能看到探究成果的动态学习过程。根据 3～6 岁幼儿的学习特点、认知发展规律以及幼儿核心经验与素养目标要求，我们将学习探究的内容与幼儿真实生活连接，与幼儿园主题课程结合。结合 PBL 理论模型，我们将幼儿主动学习与探究的过程界定为"发现问题、设计问题、解决问题、反思问题"四个环节，并根据小、中、大班幼儿的学习特点，对幼儿的学习方式与能力要求进行了区分：小班幼儿——愿意观察、愿意提问、有解决问题的愿望；中班幼儿——会观察、会提问、愿意用自己的经验和喜欢的方式去解决问题；大班幼儿——会运用多种方式解决问题、尝试反思调整、能表达表现。在理论与实践的互为印证与循证中，我们的研究形成了"幼儿主动探究项目式学习活动操作指引"，帮助教师在探究项目活动推进的不同环节，对观察幼儿主动学习与探究行为的重点一清二楚，对探究过程中"环境、材料、资源、行动"方面支持的要求更加清楚明了。针对探究项目中"驱动问题如何产生？""入项活动做哪些准备？"等实践中的关键问题也进行了操作工具的开发，为幼儿园教师在实践层面提供可参考的工具。

2. 支持项目探究的课程环境建设

为满足幼儿主动学习与发展的需要，创设支持幼儿开展项目探究活动的课程环境非常重要。支持项目探究活动的环境应体现出以下功能：支持幼儿主动学习——体现幼儿是小主人的环境，支持幼儿充分探究——室内外资源充分利用与设计的开放式环境，支持幼儿经验建构——丰富且可选择的学习环境，支持幼儿成果表达——有项目特点的一体化空间。

（1）幼儿是学习的主人，也是环境的主人

成人应相信幼儿是环境设计的大师，要坚持倾听幼儿的想法，用儿童视角弥补成人视角的不足，以幼儿当下的需要替代成人以为的幼儿需要。在大宁国际，每个孩子都能参与环境设计，都能提出对环境的大胆设想，"我希望幼儿园的花园里有蝴蝶和小鸟""幼儿园的花园应该香香的""我希望幼儿园有座彩虹桥"……在大都市里的中心城区，孩子们依然需要与自然拥抱，发现与感知自然的秘密（见图绪论 -2 和图绪论 -3）。我们在花园

图绪论 -2　小宁的花园1

图绪论 -3　小宁的花园2

里种上鼠尾草引来蝴蝶，安装了喂鸟器迎来了小鸟，屋顶花园种上各种各样安全且有气味的植物，被孩子们取名为"香草园"，戏水池上定制的一座有挑战性的彩虹荡桥也成为孩子活动和探究的天地。当幼儿园——满足孩子对环境的需要，环境就"活"了，幼儿可以实践自己的主张，这份自信而快乐的体验让孩子成功迈向主动学习之旅。

（2）开放式的环境能充分支持幼儿探究

幼儿园的环境应实现课程功能的最大化，凸显课程各领域的整合性和儿童的发展性。为了充分支持幼儿主动探究，大宁国际对幼儿园现有室内外环境的每一个角落，进行了基于课程思考和创新的环境设计与打造，使得课程形态变得更加开放和多元。建造于2009年的公建配套幼儿园外形似"火柴盒"，然而，封闭的空间一旦插上创新的翅膀，就无法阻挡我们对课程的想象。大宁国际的环境，从室内到室外打破了很多壁垒，狭长的走道变身为室内外融通的、充满自然气息和探究味道的游戏化活动空间，山坡、沙池、草坪、小树林（见图绪论-4）、花园、空中游戏新天地、屋顶香草园和运动场，开放化立体化的课程环境，以及对于受天气影响的部分环境细节设计，如半开放的室内外融通环境（见图绪论-5）、北面游戏环境"小太阳"的光线设计，让幼儿的项目探究活动不受空间限制，帮助幼儿在开放的探究环境中打开主动学习的思维。

图绪论-4　小宁的小树林

图绪论-5　半开放式北长廊

（3）丰富且可选择的环境支持幼儿建构经验

幼儿在项目探究中自主建构经验，环境和资源的支持非常关键。在以幼儿为主体的学习过程中，问题是幼儿的，解决问题的过程中需要丰富的材料给予幼儿充分探究的机会，如"小小博物馆"是幼儿和老师们一起创办的（见图绪论-6），它是开展项目探究活动的"资源库"，最能吸引在探究中有问题的幼儿，对幼儿来说，这里有"宝藏"。结合幼儿的兴趣需要、主题经验、学习特点，师幼共同收集展呈来源于孩子生活世界的"衣食住行"的实物、材料、图书，以及探究项目所需的文化资源等，大家像开"博物馆"那样进行物品收藏、分类摆放、整齐标识。为了帮助幼儿运用多样化手段收集资料，"博物馆"里还配备了信息化设备，开辟了阅读、欣赏、聆听的空间，创设了个体学习与思考，小组合作、发现、计划、协商的环境，让幼儿在"博物馆"里，资料可查、资源可选、经验可展，所需有所得，成果可表达、可收藏（见图绪论-7）。

图绪论-6　开放融通的小小博物馆

图绪论-7　博物馆里的小展厅

（4）一体化项目环境支持幼儿多元表达

基于项目探究的思考，大宁国际打破了以往的专用活动室壁垒，从幼儿开展项目探究所需要的空间、资源、材料、机会等角度出发，设计了"小宁货运中心""小宁衣帽间""小宁小当家"等一体化项目活动室环境（见图绪论-8和图绪论-9），如"小宁货运中心"，是利用走廊打造的一个沉浸式的课程环境，孩子们能发现并体验依靠传统人力搬运的码头区、运用传输带手动传输的货运区、通过电动按钮下指令的电动货运区以及运用声控技术的自动货运区，在拿取材料的过程中体验货运方式的改变和进步，发现"过去、现在、未来"的历史变迁，感受现代科技给生活带来的方便。这就是环境的课程价值。一体化项目环境设计帮助幼儿从驱动性问题出发，产生积极的学习行为，去实现"问题设计—计划制订—资料收集—操作实践—反思调整改进—展示成果"的探究过程。

图绪论-8　小宁货运中心

图绪论-9　小宁衣帽间

3. 幼儿项目探究的教师有效支持

项目探究活动是一段"有指导"的学习成长经历、一次有意义的探究之旅，教师有效支持就是对"有指导"的注解。大宁国际在研究与实践中发现，教师的支持需要构建一个立体化的模式，从运行框架到实施细节，都应有教师的支持，只有通过有效的支持，才能更好地推进项目探究的深入，促进幼儿在探究过程中的深度学习。

（1）项目整体推进中的支持

从项目探究活动推进过程来看，可分为三个阶段：第一阶段是项目启动阶段，第二阶段是项目进行阶段，第三阶段是项目总结阶段。教师应形成关键支持"五个一"：提炼一个好问题、创设一个好环境、营造一个好氛围、培养一种好习惯、推进一个好成果。在此过程中，择定主题是关键，教师需要把支持幼儿主动学习与探究贯穿于全过程（如表绪论-1）。

表绪论-1　项目探究活动教师支持索引表

阶段	任务	教师支持
一	项目启动	**提炼一个好问题** 择定主题是关键，找到有价值的驱动性问题
二	项目进行	**创设一个好环境** 创设支持幼儿主动学习与探究的课程环境 **营造一个好氛围** 营造共同学习探讨和园内外持续探究的快乐学习氛围 **培养一种好习惯** 培养幼儿主动学习的习惯和解决问题的能力
三	项目总结	**推进一个好成果** 尝试反思与评价，支持成果表达

（2）探究环节中的支持

要鼓励幼儿在问题驱动下产生积极的学习和探究行为，教师在各个探究环节中对幼儿学习和探究行为的观察与支持是关键。围绕 PBL 四个实施环节"发现问题—设计问题—解决问题—反思问题"，在每一个环节中，需要教师根据不同年龄段幼儿的认知特点进行有重点的观察，根据不同环节的探究任务从"环境、材料、资源、行动"四个方面采取针对性支持。为了方便教师在实践中运用，我们通过实践检验，梳理了可供教师参考的"教师观察支持幼儿项目探究活动操作指引"，如在"解决问题"环节中，教师的支持源于观察，可见操作指引对教师在操作层面的支持（如表绪论-2）。

表绪论-2　"解决问题"环节"教师的支持"示例

解决问题	观察	1. 小班：喜欢摆弄各种物品，好奇、好问；观察感兴趣的事物，发现其明显特征；能用多种感官或动作探索事物，对结果感兴趣 2. 中班：乐于动手、动脑探索未知的事物；能通过简单的调查，收集自己需要的相关信息，并用图画或其他符号记录自己的探究过程或结果 3. 大班：乐于在动手、动脑中寻找问题的答案，对探索中的发现感到高兴和满足；能运用数字、图画、图表或其他符号等记录探究过程和结果，并在探究中与同伴合作，交流自己的发现、问题、观点和结果

（续表）

支持	1. 环境：以幼儿为主体的项目探究主题墙，项目活动室环境布局，根据幼儿探究需求动态切换的活动环境 2. 材料：根据幼儿需求丰富材料超市探究材料 3. 资源：项目活动室、小宁博物馆、相关绘本和视频、家长及社区资源等 4. 行动： （1）观察记录幼儿探究过程，采取文字、照片、视频方式记录，对幼儿学习探究行为进行分析，利用"孩子通"APP开展家园互动式评价 （2）基于观察分析，根据幼儿探究需求，开展高、低结构活动，帮助幼儿自主构建个体经验，将个体经验转化提升为共性经验

在这个过程中，教师观察孩子的学习行为，捕捉孩子生成的问题，支持孩子持续探究的乐趣。教师认为，不要对问题解决有很多设计和干预，这也就意味着要引发孩子主动学习，不是先决定教师能做什么，而是先观察孩子发现了什么，孩子的经验和需求是什么，让孩子在一次次的探究活动中自主建构经验……

（3）深度学习中的支持

项目探究活动在园内的全面开展，一方面反映了新课程理念下课程样态的改变，另一方面反映了育人方式的变革。因此，教师需要去发现幼儿的主动学习，支持引导幼儿深度学习。深度学习的"深度"体现在三个方面：一是学习参与的深度，体现在学习者的积极主动性，教师需要思考如何引发幼儿主动学习的态度；二是学习方法的深度，对孩子来说，项目探究活动是一个复杂问题的解决过程，需要教师支持幼儿用多种方法持续进行探究，并整合多种经验；三是学习结果的深度，教师要支持幼儿在理解基础上的经验迁移、应用和创新。

在幼儿园项目探究的实践案例中，教师对每一个镜头下的行为都进行了记录、分析与思考，通过启发、设疑、追问、鼓励、资源支持，发现了孩子们探究的步步升级，主动学习能力的不断深入，看到了孩子会发现、会质疑、会推测、会反思、会调整、会表达……也许，这就是孩子们在迈向深度学习的旅程。

4. 项目探究成果的多元表达

在课程理念"支持孩子'看'世界"生成与实践落地过程中，我们看到"问题是孩子自己提的，答案是孩子自己找的，问题是孩子自己解答的"。因而坚信"每一个幼儿是有能力的学习者"，幼儿项目探究过程是一个主动建构经验、自信表达表现的过程。项目探究活动是一场有意图的学习之旅，这个"意图"就是带着任务来，希望能看到探究成果的。这份成果既是对幼儿探究过程的肯定，也能引发新问题，驱动新的探究任务，点燃幼儿持续探究的热情。

幼儿的项目成果表达可能是一盆五颜六色的蔬果色拉、一件幼儿设计的衣服、一艘幼儿用各种材料制作成的载人"大船"，可能是一次"设计师"T台秀、一次讲述自己探究故事的TED演讲，也可能是一面探究故事主题墙、一次项目成果展……成果多样化表达形式可大可小，但是一切源于幼儿的需要和认同。

行走在"0～1"之间，我们不断探索实践"让孩子爱探究、主动学，让教师善观察、会支持"，尊重幼儿的学习需要，科学调整和优化课程安排，柔活各类活动的边界，降低课程的结构化程度；让孩子展开基于问题的探究，运用已有经验，探索发现新经验，将被动接受式学习转化为主动探究式学习，从自主学习逐步走向深度学习；教师从学会观察分析解读，走向有效回应与支持。

☀ 三、本书内容框架

本部分包括了项目探究主题选择和项目探究程序。项目探究主题选择来源于孩子生活中的衣食、自然、生活热点，项目探究程序介绍了每一个项目探究的过程，较为完整地呈现了大宁国际的探究经历。

（一）项目探究主题选择

幼儿园项目探究活动就是要支持幼儿成为生活的主人、环境的主人、学习的主人。因此，要引导幼儿关注生活世界的"衣、食、住、行"，发现幼儿的探究兴趣，择定主题，提炼有价值的驱动性问题，促进幼儿的主动学习在生活中自然发生。对"衣"和"食"的探究最贴近幼儿的真实生活，是幼儿最基于本能的兴趣所在。幼儿对环境的归属感、对自然的好奇、对幼儿园多样化生活的发现，也燃起了幼儿探究生活世界的热情。幼儿的项目探究故事在大宁国际每天都在上演，我们从中遴选出12个典型案例，将这些案例内容分为"小宁的餐厅——餐桌上的探究""小宁的衣帽间——衣服的秘密""小宁的花园——我们爱自然""小宁的幼儿园——我们爱生活"四个主题，每一个主题下都包含三个案例，涉及小、中、大班年龄段儿童。这些案例内容具有普适性和代表性，每个案例在方法上体现了年龄特点和个体差异。

小宁的餐厅——餐桌上的探究：这部分来源于我们的"食文化"特色课程，也是我们最早的项目探索。古语云"食色，性也"，食物本身就是孩子和大人具有丰富生活经验和兴趣的话题。我们在小班开展了"吃出一道彩虹"，让孩子主动发现生活中的"彩虹食物"，亲子共同探究健康饮食，感受本土食文化；在中班，我们和孩子一起开出了"我们的中餐馆"，孩子们带着问题实地"调研"，发现开一家中餐馆需要做的准备，如选择风格、设计菜单、应聘员工等，随之而来的是一系列有趣的探究过程，和真实而主动的学习行为；在大班，我们支持孩子体验"一片茶叶的旅行"，从中式早茶到西式下午茶，从对茶叶的兴趣，到探究海上丝绸之路是怎样运送茶叶的，我们发现孩子在主动学习的路上慢慢走近历史与文化。

小宁的衣帽间——衣服的秘密：这部分来源于我们的"衣文化"特色课程，是我们经历了"食文化"探索后的实践。我们从"一件衣服的由来"开始，带领孩子参观了黄道婆博物馆、服装博物馆以及迪奥(Dior)百年服装展,充分运用了身边的文化资源给予孩子养分。孩子们身体力行地进行了一系列的自主探究,如设计、染布、裁剪、制衣,最终办起了属于自己的"纽扣博物馆"和"小宁"服装展,并用 T 台秀的方式发布了成果。我们精选了其中有意思的三个案例"好看的衣服""小小纽扣博物馆"和"小小设计师",记录下孩子们在过程中爆发出的能量和智慧。

小宁的花园——我们爱自然:这部分来源于孩子对于自然环境的探索。"有趣的草木染"是孩子们在幼儿园屋顶香草园游戏时发现了可以染色的植物而引发的探究故事;"给瓢虫造家"来源于孩子们在季节变化中发现的问题——秋天花园里的虫子变少了,"保护小瓢虫"是孩子们生成的探究。经历了一次次探索,孩子们终于成功设计制作出一个类似"保温箱"一样的家给瓢虫过冬;"树的项链"源于孩子们在主题活动"有用的植物"中的探究。从寻找幼儿园最粗的一棵树,到测量幼儿园的大树,再到给树做一根项链,在项目活动中,我们发现了孩子们对材料的探究、对测量方式的探究、对自然的探究,孩子们都是自发、自主的,自我驱动地完成整个项目。这让我们越来越坚定应该让幼儿在前主动学习,教师在后有效支持的信念。

小宁的幼儿园——我们爱生活:这部分来源于孩子的真实生活热点。"我的一天我做主"是在疫情居家生活中产生的探究故事。从中我们看到了项目探究在生活中自然发生,孩子在生活中的发现和思考、制订计划与反思调整的能力、秩序感的建立与发展。我们从案例中看到家园坚实的支持系统,以及教师和家长在特殊环境下的互动与教育智慧。"小宁开班会"是即将毕业的大班孩子在幼小衔接活动中生成的热点项目,"小宁做大船"更是让孩子们完成了一次充满惊喜的探究之旅——在最喜欢的活动场景"戏水池"里实现"开船"的愿望。我们欣喜地发现"探究"已经成为孩子的学习常态,"项目探究活动"已经成为孩子们喜爱的活动。

(二)项目探究程序

在项目化学习的研究中,我们以统一的框架设计和步骤呈现项目的推进过程,12 个案例将幼儿项目化学习的故事娓娓道来:教师如何通过观察孩子的兴趣,找到驱动性问题?教师如何陪伴幼儿进行自主的项目化探究?教师如何尊重幼儿的想法,促进幼儿自主成长?如何平衡幼儿间的协作以及成人的参与?基于此,我们形成了完整支持幼儿学习、探究的具体环节、步骤和流程,包括项目缘起、项目探究流程、项目反思、项目资源等,通过项目探究的"闭环思维"呈现教师观察幼儿的点滴记录和思考,希望能给幼教人启发和感悟。

1. 项目缘起

项目缘起是教师对项目发生背景的陈述,包括项目主题发生的时间和地点、项目来源的分析、幼儿年龄特点的解读、项目主题的价值和意义等,以此呈现教师对项目实施的思考。

在这一阶段,通过与幼儿的讨论找到有价值的生成性内容,来确定探究的主题。教师会帮助幼儿获得该探究项目的初步经验，来评估主题发展成项目化学习的可行性，预估可能的探究发展方向。

2. 项目探究流程

在本书中，每个案例的开篇都以项目流程图的形式呈现"项目启动""项目推进""项目成果"三大环节。在这三大环节中涵盖了基于PBL的"发现问题—设计问题—解决问题—反思问题"路径，以反映在项目探究过程中幼儿主动学习与探究、教师观察与支持的行动路径。

（1）项目启动

项目启动，是一个带着问题且有准备的过程。它始于某个触发条件（幼儿的兴趣、幼儿的认知特点与经验等），而结束于项目目标的渐进明细（量化），引导幼儿从"发现问题"出发，开启围绕问题的探究之旅。在这个环节中，教师依托课题研究的成果之一"幼儿主动探究项目式学习活动操作指引"，对如何引导幼儿"发现问题"进行针对性观察，对教师在本环节中如何支持给予明确提示，呈现出了在项目启动初期，教师对幼儿探究行为的观察和主动学习的支持（如表绪论–3）。

表绪论 –3　项目探究活动中"发现问题"实施环节操作指引

实施环节		操作指引
发现问题	观察	1. 小班：对很多事物和现象感兴趣，并能提出问题 2. 中班：喜欢接触新事物，对新事物充满好奇，喜欢提问 3. 大班：对自己感兴趣的问题会主动提问、追问和探索
	支持	1. 环境：设置幼儿的问题墙 2. 材料：入项活动家长信、活动调查表 3. 资源：利用园内外资源，回归幼儿真实生活 4. 行动：开展入项活动

"项目启动"关系到项目探究推进的意义和价值。那么，在园内外不同的生活场景中如何发现问题，开启对问题的关注，激发进行探究的兴趣？如何预设一些活动启发幼儿的思考？哪些驱动性问题能引发孩子的探究行为？基于对以上问题的考虑，在每一个项目探究活动启动前，项目小组的教师需要进行入项准备计划，对即将展开的探究项目的内容与要求进行梳理，对园内外启动项目进行活动预设，为幼儿的项目探究之旅做好经验准备。下面以项目探究活动"吃出一道彩虹"为例，呈现项目的启动。

环境与资源

（1）小宁小当家、小宁博物馆、社区环境、园内外的课程环境。

（2）师幼共同收集相关绘本、有关营养学的讲座资源。

谈话活动——激发兴趣

在活动开启前，教师与孩子们开展了讨论："我们每天吃的菜都有些什么颜色呢？""绿色的黄瓜、红红的番茄……"孩子们热火朝天地议论开了，教师把孩子们提到的颜色用蜡笔画出来。"这么多种颜色，好像彩虹呀！"一个孩子说道。"彩虹"这个好听的名字，一下子激发起了幼儿的兴趣。

探访活动——促进体验

教师和家长沟通，在班中策划了一次亲子探访活动，请爸爸妈妈带着小班的孩子们走进菜场、超市，找寻孩子们眼中的"彩虹菜"，开启了他们对食物的探究。

提出驱动性问题

教师提出问题，让幼儿带着问题进行亲子活动。在买菜的过程中，爸爸妈妈引导幼儿关注食材的品种和颜色，倾听和记录幼儿的发现。

（1）菜场或超市里有什么？

（2）你买到了哪些菜？它们是什么颜色的？

（3）在买菜过程中你有什么发现？

在小班"吃出一道彩虹"的项目启动探究活动中，亲子实地探访开启了幼儿对彩虹食物的探究。孩子们置身于开放的环境，他们的学习会在真实的生活情境中发生，会产生别样的感受，他们的学习探究能生发出更多的可能性。在观察和感受生活世界的过程中，他们不断建构认知经验和健康饮食的生活经验，并逐步了解、认同和适应自己身处的环境与文化习俗。

（2）项目推进

在每一个项目探究案例中，都能看到孩子们的探究过程，在这个过程中包含不同的探究环节，探究1、探究2、探究3……每个环节都有不同的探究重点，但是所呈现的探究逻辑是一致的，都是从"设计问题"到"解决问题"。在探究环节中，教师依托"幼儿主动探究项目式学习活动操作指引"中的操作提示，对本环节中观察的重点、支持的关键点有清晰的认识，并形成思考（如表绪论-4）。

表绪论-4 项目探究活动中"设计问题""解决问题"实施环节操作指引

实施环节		操作指引
设计问题	观察	1. 小班：能按自己的兴趣选择活动和感兴趣的问题，并用简单的图画或符号表达一定的意思；乐意接受一些小任务 2. 中班：能按自己的想法进行活动，并在成人的帮助下尝试小组合作，制订简单的计划；喜欢承担一些小任务 3. 大班：能主动发起活动，活动中积极表达自己的想法；能小组合作，制订项目探究计划，并能按计划收集信息；敢于尝试有一定挑战性的任务

（续表）

实施环节		操作指引
解决问题	支持	1. 环境：项目探究主题墙 2. 材料：记录纸、笔 3. 资源：特色活动专用活动室、相关绘本和视频等 4. 行动： （1）帮助幼儿梳理并归纳问题，形成下一步探究的驱动性问题 （2）成立探究小组，鼓励幼儿表达自己的观点
	观察	1. 小班：喜欢摆弄各种物品，好奇、好问；观察感兴趣的事物，发现其明显特征；能用多种感官或动作探索事物，对结果感兴趣 2. 中班：乐于动手、动脑探索未知的事物；能通过简单的调查，收集自己需要的相关信息，并用图画或其他符号记录自己的探究过程或结果 3. 大班：乐于在动手、动脑中寻找问题的答案，对探索中的发现感到高兴和满足；能运用数字、图画、图表或其他符号等记录探究过程和结果，并在探究中与同伴合作，交流自己的发现、问题、观点和结果
	支持	1. 环境：以幼儿为主体的项目探究主题墙，项目活动室环境布局，根据幼儿探究需求动态切换的活动环境 2. 材料：根据幼儿需求丰富超市探究材料 3. 资源：项目活动室、小宁博物馆、相关绘本和视频、家长及社区资源等 4. 行动： （1）观察记录幼儿探究过程，采取文字、照片、视频方式记录，对幼儿学习探究行为进行分析，利用"孩子通"APP开展家园互动式评价 （2）基于观察分析，根据幼儿探究需求，开展高、低结构活动，帮助幼儿自主构建个体经验，将个体经验转化提升为共性经验

① 设计问题。"设计问题"，是根据幼儿兴趣点，教师与幼儿共同筛选出引起大家共同关注的、能引发项目探究的驱动性问题。"设计问题"开启了幼儿的项目探究活动，幼儿可自由选择感兴趣的问题，组成不同的探究小组。过程中，他们进行讨论、共同制订计划、收集相关信息材料。幼儿在小组中能自由大胆表达想法，并承担一定的任务。以项目探究活动案例"树的项链"（见图绪论–10）为例：

在"树的项链"探究1环节中，幼儿在"设计问题"中围绕"你想为哪棵树做项链"的问题各抒己见，有的选择了胖胖的树，有的选择高高的树，有的选择叶子最多的树。于是，教师和幼儿一起讨论、认识幼儿园里的树，鼓励幼儿将自己对树的观察和了解在分享会上与大家交流。最后通过投票的方式选择了各自团队最喜欢的树，即确定了目标树，并着手进行了有目的的计划和分工。

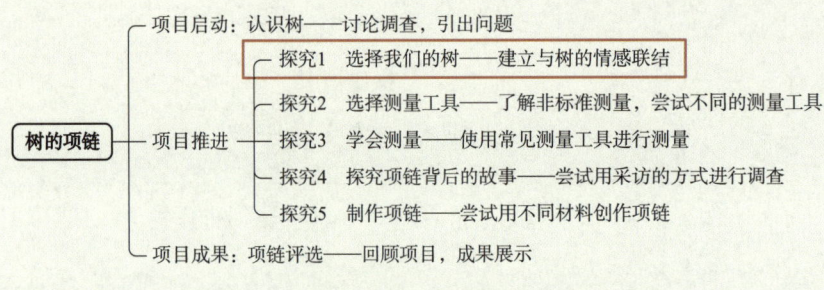

图绪论 -10 树的项链 1

② 解决问题。在"解决问题"环节可以引发幼儿展开深度学习。在这个过程中，幼儿会遇到各种始料未及的问题，教师作为幼儿探究行为的支持者，既要观察分析幼儿的行为，又要基于幼儿的需要给予有效支持，从而提高幼儿解决问题的能力。以项目探究活动案例"树的项链"（见图绪论 -11）为例：

在"树的项链"探究 2 和探究 3 环节中，幼儿着手准备为选定的树制作合适的项链，这就自然引发测量树围的问题。基于问题，幼儿能在小组内讨论测量方法、收集所需的测量工具，并尝试制订计划、选择小组成员都认同的方式操作。过程中，既给予每个幼儿充分的空间表达自己的想法，又能汇聚共同的经验和智慧，更有针对性、高效地解决问题。

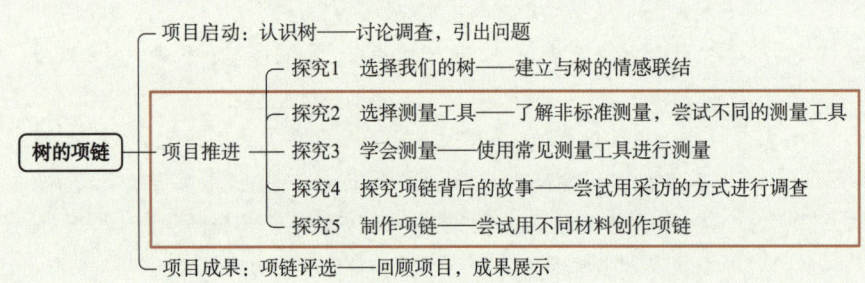

图绪论 -11 树的项链 2

（3）项目成果

项目成果是让孩子见证自己的项目探究成果诞生的过程，在这个过程中，既能给幼儿学习的成就感，又能让幼儿反思探究中的问题，对探究的成果进行评价。教师支持幼儿表达探究成果是该阶段的重点。如何帮助幼儿在基于问题的主动学习和探究的过程当中，学会反思，调整自己的学习过程和方法？我们给予幼儿充分的机会和开放的空间，让一个有仪式感的结尾成为项目式学习的"高光"时刻。

在这个环节中，教师依然需要有针对性地观察，以及在环境、材料、资源、行动上有效支持（如表绪论 -5）。

表绪论 –5　项目探究活动中"成果表达"实施环节操作指引

实施环节		操作指引
成果表达	观察	1. 小班：愿意与老师、同伴、家长共同参与成果的表达，能为自己取得的活动成果感到开心 2. 中班：能通过符号表征、语言表达、艺术表现、角色分工扮演等方法呈现项目探究成果 3. 大班：能综合运用各种学习方式，在分工、商量、合作、试错和调整中完成一次项目成果的展示
	支持	1. 环境：项目探究主题墙、展示厅（门厅、小宁博物馆） 2. 活动：小宁 TED 演讲、幼儿自发生成的活动 3. 资源：特色活动专用活动室、家长及社区资源 4. 行动：给予幼儿成果表达的机会 （1）鼓励幼儿基于自主评价（自评、互评），表达探究过程，展开进一步探究 （2）激发幼儿进行多元表达，展现项目成果

以项目探究活动案例"小小设计师"（见图绪论–12）为例：

"小小设计师"的"项目成果"环节，依然是一次探究之旅。这是一次"设计师"们作品和成果的展示。由"洋裙小组"成员自己设计的"T台展示秀"，从服装、队形、辅助道具到介绍词，都是他们通过商量、记录、编排，一遍又一遍地调整而来。因此，在 T 台秀中，我们看到的不仅是孩子们分享和收获自己的作品，更是他们的试错精神和高阶思维能力的体现。教师提供支持性的环境氛围和探究的时间与空间，让幼儿在自己的操作及与同伴间的交流讨论中反思及调整。

我们发现这不仅是幼儿审美、表达表现、同伴协作等综合能力的体现，更是幼儿对整个学习过程进行个性化表达、思考和梳理的关键环节。

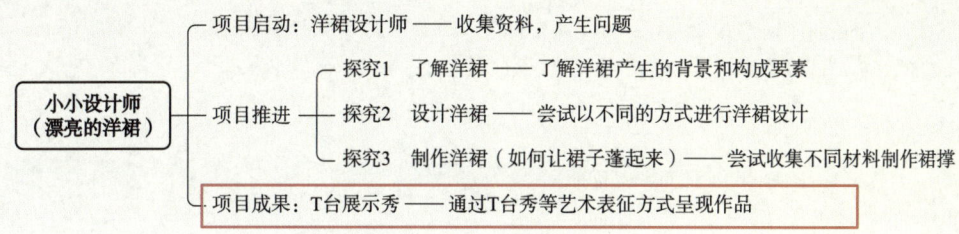

图绪论 –12　小小设计师

3. 项目反思

项目反思是教师回顾整个项目探究的过程，并对支持项目探究的方法和产生的效果进行分析，为探究项目可引发的持续学习探究带来机会。我们的项目反思包括：反思项目主题的选择对幼儿成长发展的意义和价值，即对项目目标达成度的判断；反思对幼儿探究行为观察与解读之后，所提供的环境与材料支持的效果；反思利用多样化资源，支持引导幼儿主动学习探究策略的有效性……通过反思找到推进本项目的相关建议，为再开展探究活动提供经验和参考（如表绪论 -6）。

表绪论 -6　项目探究活动中"反思问题"实施环节操作指引

实施环节		操作指引
反思问题	观察	1. 小班：能用多种感官或动作探索事物，对结果感兴趣 2. 中班：能在成人的帮助下回顾探究过程，分析原因及下一步要怎样探究 3. 大班：能回忆自己做的计划、事情和结果，做出简单的分析，并愿意做适当的调整
	反思	1. 项目主题的选择对幼儿成长发展的意义和价值 2. 对幼儿探究行为观察与解读之后，所提供的环境与材料支持的效果 3. 利用多样化资源，支持引导幼儿主动学习探究策略的有效性

4. 项目资源

项目资源涵盖了整个项目化学习实施中的教育资源，包括教师组织设计的探究活动方案、项目评价表、视频绘本等相关资料，供读者以参考和借鉴。

主题 **1**

小宁的餐厅——餐桌上的探究

　　该主题来源于我们的"食文化"特色课程，是我们最早的项目探索。古语云"食色，性也"，食物本身就是孩子和大人具有丰富生活经验和感兴趣的话题。在小、中、大班三个年龄段的案例中，我们看到幼儿在一系列真实而有趣的探究与学习过程中，从感受健康饮食，逐渐走向探究饮食所蕴含的历史与文化。

项目 1
吃出一道彩虹

小·班

一、项目缘起

一日活动中，教师常常发现小班幼儿在进餐过程中会存在吃饭慢、易分心、挑食、偏食等问题。由于认知发展水平的限制，小班幼儿很难理解"营养"和"膳食均衡"等抽象的科学概念，然而"吃"得"营养"和"均衡"对这个阶段的幼儿来说是非常重要的。并且，3～4岁是培养幼儿良好的饮食习惯，让幼儿萌发均衡饮食、建立科学膳食行为的关键时期。因此，我们开始思考并分析与食育相关的活动研究。食育活动，是对幼儿良好饮食习惯进行培养的活动。食育的过程，既包括对"营养"的初步感知，也包含了对"饮食文化"的体验。

教师在和小班幼儿的爸爸妈妈协商以后，确定了以食物颜色为关键点的探究项目——"吃出一道彩虹"。寻找不同颜色的食物，找到健康饮食的方法，制作像彩虹一样不同颜色的食物……"吃出一道彩虹"成为小班幼儿这段时间的一项快乐任务。

二、项目流程图

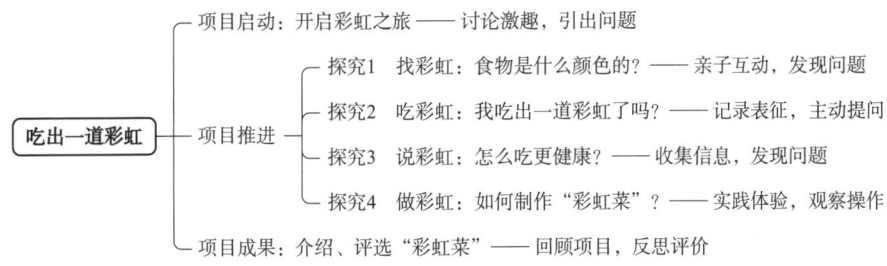

三、目标与要求

① 在寻找和发现中，积累对食物颜色、形态等方面的认知经验。

② 通过亲子交流和互动，简单了解食物和营养健康之间的关系。

四、项目启动

1. 环境与资源

① 小宁小当家、小宁博物馆、社区环境、园内外的课程环境。

② 师幼共同收集相关绘本、有关营养学的讲座资源。

2. 谈话活动——激发兴趣

在活动开启前，教师与孩子们开展了讨论："我们每天吃的菜都有些什么颜色呢？""绿色的黄瓜、红红的番茄……"孩子们热火朝天地议论开了，教师把孩子们提到的颜色用蜡笔画出来。"这么多种颜色，好像彩虹呀！"一个孩子说道。"彩虹"这个好听的名字，一下子激发起了幼儿的兴趣。

3. 探访活动——促进体验

教师和家长沟通，在班中策划了一次亲子探访活动，请爸爸妈妈带着小班的孩子们走进菜场、超市，找寻孩子们眼中的"彩虹菜"，开启了他们对食物的探究。

4. 提出驱动性问题

教师提出问题，让幼儿带着问题进行亲子活动。在买菜的过程中，爸爸妈妈引导幼儿关注食材的品种和颜色，倾听和记录幼儿的发现。

① 菜场或超市里有什么？

② 你买到了哪些菜？它们是什么颜色的？

③ 在买菜过程中你有什么发现？

五、项目推进

探究1　找彩虹：食物是什么颜色的？

带着问题"食物是什么颜色的？"，孩子们在周末和爸爸妈妈一起去买菜，开始了一场彩虹食物探究之旅，一起找一找"彩虹"，看看彩虹是什么颜色的。

1. 观察与实录

亲子活动案例：**买菜**（详见活动推荐1）

　　周末的清晨，笑笑早早起了床，拉着妈妈的手说："快走，去菜场找'彩虹'啦。"在爸爸妈妈的带领下，她终于如愿以偿。"哇，这是青菜，绿色的。"她激动地说，"这是香蕉，黄色的。妈妈，我已经找到两种颜色咯！"小小的她，睁着大眼睛，带着妈妈四处逛，高兴地倾诉着自己的发现："冬瓜原来可以比我还长，蚕豆的外面原来还穿着一件厚厚的外衣，生的肥肉原来是白色的……"（见图1-1-1）小小的菜场，让笑笑大开眼界，好似发现了新大陆般兴奋和满足。

图 1-1-1 亲子活动"买菜"1

图 1-1-2 亲子活动"买菜"2

2. 分析

在周末的亲子探访中，幼儿热情高涨，主动挑选各种颜色的食材，完成"找彩虹"的小任务（见图 1-1-2）。在此过程中，幼儿会观察、喜发现，积累了一些与常见食物相关的粗浅经验（如不同食物的颜色、长短、大小等）。同时，在与菜场叔叔阿姨的交流过程中，幼儿也展现出乐于交往、愿意交流的社会性发展能力。

周一，笑笑来到幼儿园，她跟教师说非常乐意把跟妈妈找彩虹的故事告诉大家。可当她站在大家面前要讲故事时，教师发现具体形象思维占优势的三四岁幼儿在回溯中只能表达零星的片段，小班幼儿更依赖具体、生动、直观的画面。因此，教师需要思考如何解决这个问题。

3. 支持与回应

（1）利用社区资源——"一起去买菜"回归真实生活

有趣的买菜经历让孩子们通过看、摸、闻，探索了常见蔬果的基本属性（包括外形、颜色、味道等）；在观察和比较中发现了菜场里各种物品摆放的规律，对有序的分类和归纳萌发了兴趣。在与环境的充分互动中孩子们不断地体验、学习、思考、建构，用一双善于发现的眼睛观察和感受世界，让幼儿教育回归到他们真实的生活。

探究活动应从真实情境出发，鼓励孩子发现问题、提出问题、解决问题。而社区资源的利用恰好能为幼儿提供丰富、多元的真实情境，在发挥社区教育价值的同时，帮助幼儿拓宽探索空间、丰富生活经验、认识周围的世界。社区资源对真实问题的探究驱动产生了很大作用。

（2）寻找多元方式——亲子小报、网络互动、集体活动（详见活动推荐 3）等促进经验共享

在活动过程中，增加了亲子互动的方式。比如，通过亲子小报的方式，呈现幼儿"找彩虹"的经历、与人沟通交流的片段、精彩的发现、解决问题的过程。教师会鼓励并引导幼儿向朋友们介绍自己的小报，把自己"找彩虹"的故事分享给大家（见图 1-1-3、图 1-1-4）。一张张生动的照片、一幅幅可爱的画面，让小班幼儿的个体经验在集体分享中变得有趣味。

图 1-1-3　亲子"彩虹"小报 1

图 1-1-4　亲子"彩虹"小报 2

过程中，小班幼儿愿意主动、积极地表达，也让我们了解了更多幼儿的发现和问题。

还可以通过网络平台的互动，帮助师幼互动、幼幼互动，将幼儿的个别经验转化为集体经验，如教师在探访活动后，通过收集家长的记录表，归纳和梳理幼儿的经验水平、兴趣热点。教师也发现，微信班级圈的分享与互动异常热闹，爸爸妈妈会带着孩子一起看看"我的朋友买了什么？她有什么发现？"。

探究 2　吃彩虹：我吃出一道彩虹了吗？

美食是幼儿热衷的话题，幼儿对食物的各种颜色产生兴趣后，我们可以通过关注幼儿在日常餐食中是否吃出一道彩虹，推进幼儿进一步探究。通过"我的一周彩虹食谱"记录表，幼儿了解了一周所吃的食物都有哪些颜色。

1. 观察与实录

我的一周彩虹食谱——亲子记录

问题导入：

我吃了什么颜色的食物？哪些颜色的食物我经常没吃到？（幼儿用彩笔表征）

关注重点：

① 带着以上问题，亲子共同记录每天的"彩虹食谱"。

② 鼓励幼儿用涂鸦、简笔画、拍照等方式参与简单的图文记录。

爸爸妈妈和笑笑在家记录着一周的早餐和晚餐，他们在讨论：今天都吃了什么颜色的食物，少了什么颜色的食物。最后，他们一起完成了"我的一周彩虹食谱"记录表（见图 1-1-5、图 1-1-6）。

图 1-1-5 笑笑在家记录"彩虹食谱"

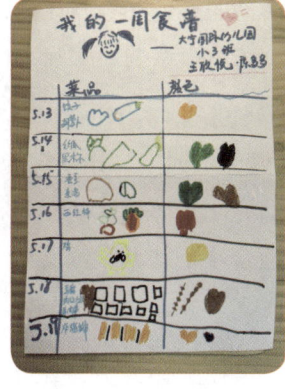

图 1-1-6 笑笑的一周食谱

图 1-1-7 幼儿入园时，观察和讨论今日午餐出样

图 1-1-8 幼儿参与午餐的食材颜色记录

我的一周彩虹食谱——集体交流

在幼儿园里，笑笑和小伙伴共同关注着午餐的丰富颜色和营养。孩子们有时候去采访保健老师，看看中午吃什么（见图 1-1-7）；有时候体验当一回报菜员；有时候让厨房叔叔为自己录视频介绍。教师鼓励孩子们把颜色画下来（见图 1-1-8），一周结束，一道彩虹出现了。

2. 分析

在家中，爸爸妈妈可以引导幼儿关注餐桌美食，并用自己的方式进行涂鸦表征，记录早餐和晚餐的食材颜色。孩子们有的用蜡笔涂鸦，有的用画报剪贴，有的用相片呈现，形式多样，绘制出一份属于每个幼儿的、独一无二的记录表。

在幼儿园里，教师引导幼儿通过各种方式，集体关注午餐的各种颜色。幼儿入园时会结伴去保健老师那里问一问，或是通过"午餐播报"说一说，又或是通过小视频看一看，并共同记录颜色。

从亲子记录到集体关注，激发了幼儿的探究热情。从家庭到学校，更好地让幼儿对多彩食材的兴趣持续保鲜。

幼儿对活动的喜爱和参与让教师开始思考：幼儿在探究的过程中发现了不一样的问题，如何帮助他们去解决这些问题呢？

3. 支持与回应

（1）打通教育时空，亲子探究与集体探究结合，保持幼儿探究热情

刚进入幼儿园集体生活的小班孩子仍然十分依恋自己的父母，以小组探究为主的学习方式也并不适合小班幼儿，因此亲子探究的形式成为行之有效的途径之一。这不仅能让幼儿在教师与家长的交互作用下尝试发现问题并提出问题，引发主动学习的兴趣与愿望，同时也让亲子关系的品质得到了提升，让家庭成为共同探索、学习的空间，家长成为教育的力量，家庭为亲子互动创造了无限可能。

（2）创设个别化环境，提供多样化材料

基于分析与思考，我们发现在"找彩虹""吃彩虹"的探究过程中，幼儿产生了各种有趣的问题——"生的肉肉原来长这样？""虾明明是青色的，怎么我吃到的是红色的呢？"此时幼儿的固有经验与生活经验产生了强烈的思维碰撞，这是幼儿主动学习与探究的最佳时机。

于是，我们积极创设与"吃出一道彩虹"相适宜的项目化活动环境，设置一个个能满足幼儿好奇探究、寻找答案的个别化活动区域，提供多样化的材料（详见活动推荐2）。例如：在材料区提供了七种颜色的实物蔬菜和实物水果；提供关于蔬菜与水果的各类书籍；提供平板电脑、点读笔等现代工具，让孩子可以看一看、听一听蔬菜水果的很多秘密；提供食物生熟对应配对游戏卡片，让孩子在配对游戏中找到问题的答案……（见图1-1-9和图1-1-10）

图1-1-9　个别化学习"肚子里长啥样"　　　　图1-1-10　活动材料

教师在此过程中密切观察幼儿与环境及材料的互动行为，并基于支持幼儿积极主动的行为，对材料进行及时调整。

探究3　说彩虹：怎么吃更健康？

为了更好地利用各类社区与家庭资源，也为了保持幼儿的探究兴趣，在"吃出一道彩虹"

项目里，教师邀请了医生家长沙龙队，一起"听听医生爸爸怎么说"，开展了一场趣味横生的互动课堂……

1. 观察与实录

> 医生爸爸来到班级，为大家介绍了对身体健康有帮助的食物，提出了许多关键问题，引发了孩子们的热烈讨论：
>
> "猜一猜：糖果、苹果、果冻，哪个果对身体最有好处呢？"
>
> "连连线：感冒了，吃哪种水果好得快呢？"
>
> "翻一翻：想要长高高，哪些食物每天都要吃呢？"
>
> "看一看：便便拉不出，吃什么水果好呢？"
>
> ……

2. 分析

小班幼儿年龄小，认知经验仍然停留在善于发现食物的不同颜色和味道上，而医生爸爸们以对对碰、连连看、翻翻乐等孩子们喜闻乐见的游戏形式，从与孩子生活最贴近的问题出发，帮助孩子们发现了不同颜色的食物各有营养，为培养良好的饮食习惯奠定了基础。

医生家长参与，不仅让活动有趣，更让孩子感受到来自医生的权威，深信吃得健康很重要。

3. 支持与回应

（1）"听听医生爸爸怎么说"——家长资源吸纳中实现家园共育

家长是幼儿园教育的合作者，他们来自各行各业，人才济济，是丰厚、宝贵的教育资源，很好地补充了园内教育资源的缺憾，他们可以与幼儿园教师一起为幼儿的发展营造出广阔的空间。因此，在"吃出一道彩虹"项目中邀请了医生家长的参与（见图 1-1-11），他们站在专业的视角上为幼儿讲述食物的营养知识。医生家长为幼儿园提供了多样化的健康教育资源，为家长、孩子们带来了丰富的健康教育活动。

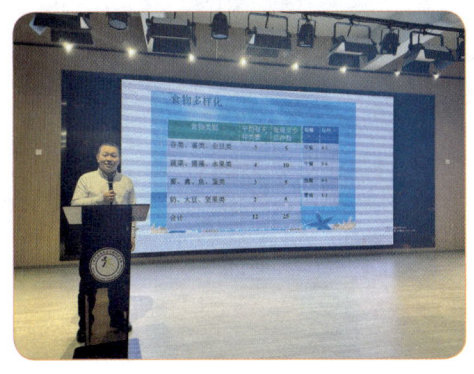

图 1-1-11　医生家长膳食讲座

图 1-1-12　食文化绘本

（2）"问一问、找一找"——信息资源支持下促进自主学习

随着网络的覆盖，信息技术逐渐进入教师和幼儿的生活。信息技术的普及可以让幼儿按自己的爱好、环境、心境选择适宜自己学习形式的内容和进程，从而创建和发现自我学习体系。

在幼儿园的图书馆中提供了食文化绘本（见图1-1-12）、点读笔、iPAD等，成为了幼儿项目式学习的资源库。小班幼儿还缺乏查阅资料、查证的能力，但是在阅读中他们会有所发现，重构新经验。幼儿通过丰富的学习资源，继续探索食物的奥秘，了解食物的丰富营养，养成不挑食好习惯，建立均衡的饮食结构。

探究4 做彩虹：如何制作"彩虹菜"？

周末，爸爸妈妈带着孩子一起制作了属于每个家庭特有的彩虹菜，我们来看看他们是怎么做的……

1. 观察与实录

来自 Ethan 妈妈的记录：

老师给大家布置了小任务：制作创意彩虹菜。Ethan 难掩兴奋，回来和我商量我们的菜品。最后，我们设计了两道彩虹菜，中式菜"色彩缤纷"（荷兰豆、蘑菇、胡萝卜炒虾仁），西式菜"彩虹沙拉"（罗马生菜、奶酪、火腿、虾仁和圣女果）。

于是，Ethan 来到厨房，我们一起配菜、清洗、准备佐料并制作（见图1-1-13、图1-1-14）。由于经验和知识的积累，他对调料的使用很有心得，主动提出把葱姜蒜放在中式菜里，西式菜里面放芝麻酱和蛋黄酱。我把他力所能及的工作都交给他，为他记录整个过程。

他还开心地录制了介绍视频，说要为自己拉票。

a

b

图 1-1-13　Ethan 制作彩虹菜 1

c   d

图 1-1-14　Ethan 制作彩虹菜 2

2. 分析

每个家庭有着个性的、独特的饮食文化，家长可以带着孩子亲身实践，共同制作属于他们独一无二的彩虹菜。有些是北方人，喜欢吃饺子，把各类颜色的食材包在小小的饺子里；有些家庭崇尚健康，喜欢做轻食；有些传承了上海本帮菜的做法，热爱浓油赤酱……这样的"舞台"展现了多姿多彩的饮食文化。

视频

制作彩虹菜

在集体中分享每个家庭的独特饮食文化，可以增强幼儿的自我意识。同时，当家庭文化被认同，幼儿才能更好地了解自己，亲近家人，从而学着去接纳他人。

3. 支持与回应

（1）贴近生活，强调体验

生活即教育。我们利用彩虹的美好传说，让幼儿觉得"吃出一道彩虹"是一件神奇而又美妙的事，促使幼儿在生活的一日三餐中去发现问题，探索奥秘，养成习惯。

小班幼儿正处于直觉行动到具体形象思维的过渡阶段，对事物的认识很大程度上要依赖行动，所以我们创设真实的情境，探索有效的家园互动，鼓励幼儿在各类活动中参与体验，感受探究的乐趣，并积累经验。

（2）了解自己，接纳多元

教师创设各类机会和孩子一起共同感受食物的百味和饮食的乐趣，萌发对食物的敬畏，学会感恩与珍惜，了解食物与健康的关系，悦纳不同口味的健康食物，让孩子在该项目中逐步树立健康的饮食观念。

六、项目成果

介绍、评选"彩虹菜"

幼儿和爸爸妈妈共同制作了彩虹菜后，来到幼儿园，教师引导幼儿进行分享，说说"你喜欢哪道彩虹菜？"并投票评选……

1. 观察与实录

分享演说：

教师在"班级圈"下载家长上传的制作过程图片及视频，播放在大屏幕上。

媛媛是一个内向的女孩，当她看到自己出现在大屏幕时，不由露出了腼腆的微笑，于是教师邀请她上来介绍。

媛媛："我做的酸奶色拉，里面有绿色的黄瓜、橘色的木瓜、黄色的苹果、白色的生梨、紫色的蓝莓。我负责洗水果，妈妈负责切水果。我用酸奶淋上去，搅拌一下。妈妈说，夏天吃这个，健康又好吃……"

投票评选：

媛媛在投票板面前认真地观望，把手上的贴纸贴到了圆圆的彩虹菜上。

教师："你为什么投票给她？能告诉我你的理由吗？"

媛媛："这道菜有好多颜色，我也没有吃过这道菜，很想试一试。"

教师："那你去彩虹墙上数一数，这道菜共有几种颜色呀？"

孩子们纷纷在彩虹墙上投票……（见图1-1-15、图1-1-16）

图1-1-15 幼儿评价环节　　　　图1-1-16 班级彩虹墙板面

2. 分析

媛媛虽然内向，但对于亲身参与的彩虹菜制作，显得更自信了。在老师的鼓励和照片的提示下，她能在集体中较为完整地演说制作的过程。

投票评选的环节并非要选出谁最好，而是在评选的过程中让幼儿再次感受同伴的劳动成果，说出喜欢理由的同时也能帮助幼儿达成项目的内容与要求。

媛媛评选的理由是颜色丰富，她在认知上已初步形成每天吃各种颜色蔬菜、水果的好习惯。另外，她发现这道菜在自己家中没有吃过，感受了不同家庭的饮食特色。

3. 支持与回应

（1）将"幼儿参与"的评价内容嵌入活动中

彩虹项目的成果展示部分，教师为小班幼儿创设多种自评与他评的机会。教师将幼儿的制作成果做成板报，剪辑幼儿的介绍视频。通过听和看，让幼儿了解其他同伴的彩虹菜制作故事。

其中，教师鼓励幼儿自信表达，介绍自己的作品，并说说投票给同伴的原因。教师采用追问、反问、建议、重复等方法，实现对幼儿思维的助推与顺应，以达到让幼儿理解、掌握知识，发展各种能力的目的。

（2）尝试以"多方参与"为特点的幼儿发展评价

针对项目的评价指标体系，教师采用"互动式"幼儿发展评价，力求"全方位"（家长、教师、幼儿三方参与）且具有"连续性"，有针对性地对幼儿进行客观、全面的评价。

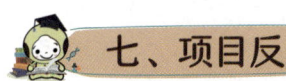

七、项目反思

中国的饮食文化源远流长，是劳动人民智慧的结晶。而食物是大自然的造物，每个季节都会有应季的食物。这份大自然的馈赠，让每一种食物的颜色、形状、质感保持独特。在这个项目的设计实施中，教师和孩子们一起围绕"如何吃出一道彩虹"的问题，发现并辨认不同类别的食物，不断获得关于食物和营养的粗浅经验。

1. 尊重幼儿的学习方式，帮助幼儿对食物建立多元认知

皮亚杰的认知发展理论告诉我们，3～4岁的小班幼儿处于前运算阶段，主要是以直觉思维来感知。在对食物的探究中，他们需要亲身感知、亲自体验、亲手操作，才能建立对事物的认知。因此在项目实施中，引导幼儿逛逛菜场，找找不同颜色的食物，记录每天的食物颜色，参与食物的烹饪，品尝食物的不同口味。这样的体验活动渗透于整个项目的实施过程，探究过程调动了幼儿的各种感官，通过视觉、嗅觉、味觉共同参与，帮助幼儿建立对食物的多元认知。

2. 注重与家庭和社区的协作，支持幼儿持续探究

"如何每天都能吃到各类颜色的蔬菜和水果？""不同食物的获取和营养健康之间有何关系？"这是项目探究中，引发幼儿持续学习的难点和关键，也是该项目实施的价值。从小班开始，将餐桌上的饮食文化通过食育活动渗透于幼儿的生活日常，逐步积累食物营养和健康生活的关系，是这个项目的核心价值，值得幼儿不断学习和探索。我们认为探究食物的过程，也是接触自然的最好时机，而家庭应该是孩子最好的食育场所。因此，我们在项目开展中，始终和家庭联合，保持协作，为幼儿的学习提供坚实的基础，让幼儿保持对于食物的探索兴趣和热情，让学习时空得以联结。双休日，幼儿和家长一起选择、购买不同颜色的食物；在家庭生活中，亲子加工和品尝；在集体生活中，幼儿交流分享自己对于食物的感受和体验；从医生爸爸那里获取不同颜色食物营养价值的信息。

项目学习带给小班幼儿的成长经历极其丰富，除了最大限度地支持他们的主动探究，项目还体现了不同家庭饮食文化的碰撞和交融，并逐步渗透科学健康的知识。

八、项目资源

🤖 **相关资料**

1. 绘本推荐：《肚子里面长啥样》（华东师范大学出版社，作者：周兢），《爱吃青菜的鳄鱼》（明天出版社，作者：汤姆牛）。

2. 资源利用：保健老师、医生家长的介入指导，社区环境资源，信息化资源。

📚 **活动评价表**

表1-1-1 "吃出一道彩虹"教师、家长观察评价表

内容与要求	观察要点	水平表现一	水平表现三	水平表现五
在寻找和发现中，积累对食物颜色、形态等方面的认知经验	对常见的食物能仔细观察其基本特征	能在成人的引导下认识各种食物	能仔细观察自己感兴趣的食物，发现其明显特征	能对各种颜色的食物进行观察比较，发现其异同，并进行简单描述
	能用多种感官，如摸一摸、闻一闻、尝一尝，发现蔬菜、水果有各种各样的颜色、形态与味道	感知和发现食物的颜色、形态和味道的多种多样	能感知食物的颜色、形态与味道，并能用相应的词语来描述	能感知食物的颜色、形态与味道，并进行多种艺术形式的表达表现（如绘画、泥塑、表演等）
通过亲子交流和互动，简单了解食物和营养健康之间的关系	养成不挑食、不偏食的好习惯，喜欢吃各种瓜果蔬菜	在成人的鼓励下，愿意品尝更多种类的食物	喜欢吃各种颜色的食物	样样食物都爱吃，知道它们有丰富的营养
	感知多元的饮食文化，乐意接纳多元的饮食文化	在引导下，能感受菜肴的差异	能初步感受不同地区的饮食文化的特点	能感受不同地区的饮食文化的特点，能说出它们的差异和特点，乐意接纳

活动推荐

活动推荐 1　亲子活动"买菜"

活动目标

1. 体验一次买菜的经历，并注意买多种颜色的食材（荤素菜、水果皆可）。
2. 认识丰富的新鲜食材，初步了解饮食均衡的重要性，培养良好的饮食习惯。

活动准备

家长信、观察记录表（见表 1-1-2，家长用）、幼儿对"彩虹菜"的经验准备。

观察重点

在买菜的过程中，引导孩子关注食材的颜色，听听孩子们的发现，并制作一份体现购买过程的亲子海报。

相关要求

1. 用照片、文字等形式制作亲子海报，记录买菜的过程、孩子的发现或有趣的对话。海报的大小可以是 A4 或 A3 纸大小。
2. 关注孩子买菜的过程，完成家长观察记录表。

表 1-1-2　亲子活动"买菜"观察记录表（家长用）

记录人： 　　　　　　日期：		
购买的食材颜色	购买的食材名称	问题
		1. 孩子在过程中提了哪些问题？你们是如何解决的？
		2. 孩子是否可以大方地与人交流，包括询问价格、与人沟通？
		3. 孩子逛菜场后，有什么发现和想法？

活动推荐 2　个别探究"彩虹小厨房"

活动目标

通过游戏情境和实物操作，鼓励幼儿对食材进行探究，建立颜色和食材的关系。

活动材料

多种榨汁机（捣碎碗、搅拌器、电动榨汁机等），饮料密封罐，水果吧场景，常见水果若干。

活动玩法

1. 做水果串。幼儿自主选择相关水果，如苹果、橘子、梨等，制作水果串。

2. 做果汁。将水果剥皮、切小块，然后放入儿童榨汁机榨出果汁，装入一次性密封罐，盖上瓶盖，用力摇动。鼓励幼儿观察瓶子里果汁的颜色变化，并让同伴猜猜这是什么果汁。最后让幼儿在瓶身贴上相应的标签，给果汁命名（见图1-1-17和图1-1-18）。

图1-1-17 "彩虹小厨房"活动场景　　　图1-1-18 幼儿在小厨房榨汁

观察重点

1. 观察幼儿能否准确命名果汁，并了解不同水果的特征。

2. 观察幼儿的手部精细动作，重点留意他们旋拧瓶盖、撕贴标签、穿水果串等动作。

活动推荐3 集体活动"蔬菜的肚子"

活动目标

在猜猜、切切、说说的过程中初步了解蔬菜内部的样子，体验探索的乐趣。

活动准备

1. 蔬菜横切面黑白彩色图各一套、《肚子里面长啥样》绘本故事（见图1-1-19、图1-1-20）。

图1-1-19 《肚子里面长啥样》封面　　　图1-1-20 《肚子里面长啥样》内页

2. 蔬菜实物（卷心菜、青椒、黄瓜、藕、番茄、胡萝卜）。

3. 小刀砧板 12 套。

活动过程

一、猜一猜，图片上是哪些蔬菜的肚子

1. 观看黑白蔬菜横切面图片。

关键提问：你觉得哪个蔬菜宝宝的肚子最有趣？它是什么样的？

重点关注：幼儿对蔬菜横切面花纹的关注。

小结：这些蔬菜宝宝肚子里的花纹各不相同，真有趣！有的像……有的像……

2. 观看彩色蔬菜横切面图片。

关键提问：现在能猜出是谁的肚子吗？

重点关注：幼儿对蔬菜横切面颜色和形状的关注。

小结：你们根据蔬菜宝宝的肚子形状、颜色、花纹……猜到了许多跟它相像的蔬菜。

二、切一切，探索蔬菜肚子的秘密

1. 第一次操作，探索蔬菜肚子的秘密。

操作要求：

（1）每人选一样蔬菜尝试切开。

（2）观察蔬菜横切面。

（3）对比照片和实物，把找到的蔬菜横切面放入相应的筐里。

2. 和幼儿一起跟着绘本说说蔬菜肚子里的样子。

小结：不同的蔬菜宝宝肚子里的样子不一样。

3. 第二次操作，尝试不一样的切法，探索蔬菜肚子的秘密。

重点提问：为什么有些宝贝切开发现蔬菜肚子里的样子和图片上不一样？

重点关注：幼儿切的方法。

指导语：请你还是去找刚才切过的那个蔬菜宝宝，换一种切法试试，看看用不同的切法，蔬菜宝宝的肚子会有什么不一样。

三、活动延伸

小结：蔬菜宝宝的肚子，不仅有趣，而且好玩，切成一半的蔬菜我们可以放在区角里玩蔬菜印花的游戏，也可以放在植物角种一种，观察它的生长变化。一起带着蔬菜宝宝们回教室玩一玩吧。

项目 2
我们的中餐馆

中班

一、项目缘起

在幼儿园有一条走道，在那里幼儿可以根据环境、自己的兴趣或当下的热点开展不同的游戏内容，那里是中班幼儿角色游戏的主阵地，他们喜欢叫它"走廊小社会"。幼儿总能结合不同场景开展不同的游戏内容，如在有滑梯的地方开展游乐园游戏，有滑竿的地方是消防局，双层区域可以变成小舞台；而在相同的场景中也能开展不同的游戏内容，如在有绳索的双层滑梯处，有的幼儿玩"加勒比海盗"，有的幼儿喜欢"送快递"……

在幼儿园近一学年的传统文化课程浸润下，中班幼儿对中国传统文化积累了一定经验，如知晓中国传统文化节日及习俗、民间游戏、传统手工等。最近幼儿在走廊小社会开起了"餐馆"。"什么是中餐馆？""中餐馆里有什么？""什么是中餐馆的餐具和摆设？""我们要开一家什么样的中餐馆？"……在游戏的过程中幼儿发现问题、提出问题，并尝试解决问题，一场源于游戏的食文化探究之旅开启了。

二、项目流程图

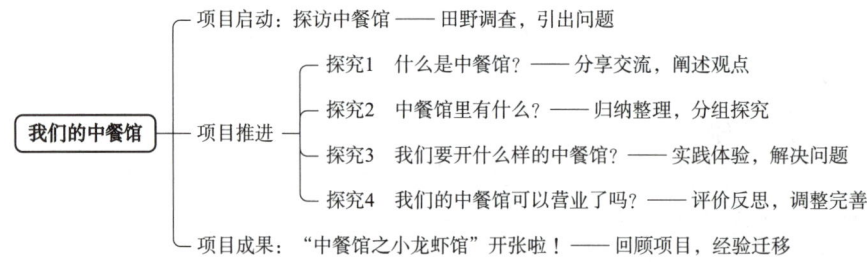

三、目标与要求

① 通过田野调查、制订计划、初步合作、交流互动等探究过程，尝试开展中餐馆系列活动。

② 在探究过程中提升信息采集、分工合作、解决问题等能力。

③ 知道中国有不同菜系的中餐馆，初步了解中国传统饮食文化。

四、项目启动

1. 环境与资源

① 在走道上创设宽松、充满情景性的游戏环境，引发幼儿产生自主游戏的兴趣。

② 提供丰富的低结构材料，以鼓励幼儿根据经验及兴趣开展不同主题的自主游戏。

2. 游戏分享——引发探究

通过一次游戏后的分享交流引发幼儿关于中餐与西餐的讨论，围绕着"吃"这件事，幼儿显然都有话说，他们能大胆地与同伴分享自己的观点。在幼幼互动中引发了新的问题和思考，教师把握教育契机，和幼儿共同开启了一场特别的探究之旅……

3. 探访活动——促进体验

顺着幼儿的兴趣经验，我们决定共同开展一场"探访中餐馆"的田野调查活动：和爸爸妈妈一起去一家中餐馆。在爸爸妈妈的帮助下，将自己的发现记录下来，并完成亲子小报。

4. 提出驱动性问题

一场源于游戏的探究之旅开始了，我们共同筛选出幼儿最感兴趣的四个问题开启中餐馆的探究之旅：

① 你去了哪一家中餐馆？

② 中餐馆里有什么？

③ 开中餐馆需要做哪些准备工作？

④ 我们可以开一家中餐馆了吗？

五、项目推进

探究 1　什么是中餐馆？

1. 观察与实录

周末过后，幼儿在爸爸妈妈的协助下完成了探访中餐馆的田野调查，班级围绕"什么是中餐馆"开展了一次分享交流（见图 1-2-1 到图 1-2-3）：

梓豪："我去的中餐馆叫南京大牌档，里面的桌子叫八仙桌，还有很多灯笼挂着，妈妈告诉我灯笼是中国特有的一种装饰。"

龙猫："我去的这个饭店是本帮菜馆，这道菜叫老上海陈皮鸡，我觉得很好吃。旁边还有一个地方在表演，我们可以一边吃饭一边看表演。"

多多："你们看'厨房重地'，就是不能随便进去，我看到用餐的桌子上有个号码牌，这样就不会上错菜了，还有'招财猫''财神爷'，这样餐馆生意就会好一些，如果忘记带钱包了，还可以扫码支付呢！"

在当天的交流中，每个幼儿都大胆地与同伴分享自己关于"中餐馆"的经验。

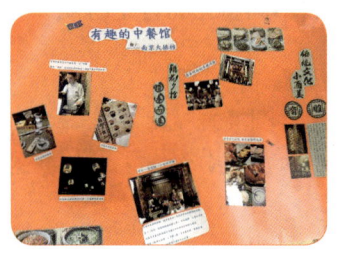
图1-2-1　亲子小报"有趣的中餐馆"

图1-2-2　亲子小报"探访中餐馆"1

图1-2-3　亲子小报"探访中餐馆"2

2. 分析

通过亲子小报，幼儿交流了自己的发现和在中餐馆的经历。幼儿了解到中餐馆是吃中餐的地方，他们关注的内容各不相同：有的幼儿关注到中餐馆的不同区域（如有的餐馆会有表演区），有的幼儿关注到不同的支付方式，有的幼儿关注到中餐馆的特殊摆设，还有的幼儿关注到不同菜系的口味……幼儿都从各自的角度将所看到的中餐馆与同伴分享，我们看到了各种各样的中餐馆，也欣喜地发现幼儿在爸爸妈妈的协助下，能用不同的方式记录自己的发现。

中班幼儿能在成人的帮助下制订简单的调查计划并执行，用数字、图画、图表或其他符号收集并记录信息。但这些经验都比较零散，需要将幼儿零散、个体的经验通过集体交流、小组探究等方式梳理出来，并引发幼儿新一轮的思考与探究。

3. 支持与回应

（1）归纳整理，经验分享

将幼儿的小报进行分类与整理，让幼儿的个体经验能够在集体中得到展示与呈现，对于其他幼儿而言，也可以"云参观"不同类型的中餐馆，丰富经验。

（2）环境支撑，增强体验感

既然幼儿对中餐馆的装饰、菜系等尤为感兴趣，教师就顺应幼儿的兴趣点，师幼共同收集有中式特色的材料，如中式风的碗筷、屏风、灯笼等，增加幼儿在项目中的情境体验感，让幼儿有身临其境的感受。

（3）材料支持，个别探究

创设"八大菜系""搭建中餐馆"的个别化学习活动（详见活动推荐2），对不同的幼儿提供个性化支持，让他们在不同形式的低结构活动中能基于兴趣进行探究与学习。

探究 2　中餐馆里有什么？

基于幼儿对中餐馆的探索，师幼共同创设了中餐馆情境（详见活动推荐 1），让幼儿能在情境中感受与体验中餐馆。

1. 观察与实录

自主游戏时间到了，幼儿自然而然地玩起了"中餐馆"的游戏。

> **片段一：**
> 游戏时间，多多和龙猫发生了争执。
> 多多：你今天是厨师，厨师不能出来，要待在厨房。
> 龙猫：我做好菜，我要上菜了。
> 多多：上菜是服务员的事情，你应该把菜交给服务员。
>
> **片段二：**
> Yimi 将煤气灶台摆好后，跑去材料超市，拿了两个薯片罐头还有两束花分别放在两张桌子上，然后，又拿来餐具。旁边的倪好看见了，一把拿走桌上的刀叉，"不对不对，应该放筷子。因为我们今天要开中餐馆，中国人用筷子！"他把刀叉换成筷子后，又跑去材料超市，回来的时候手上拿了两个小东西，将筷子放在这个东西上面，仔细一看，原来是筷架。

2. 分析

在师幼共同创设的中餐馆情境下，很显然中餐馆的主题已经成为幼儿近日的游戏热点了，他们已经积累了关于中餐馆的粗浅经验，如餐馆里不同的工作人员及他们的不同职责、工作区域等。有的幼儿甚至知晓背后的传统文化，如我们是使用筷子的国家等，并将自己的经验迁移至游戏中。

但显然幼儿对中餐馆的体验各不相同，需要通过高结构的活动帮助幼儿梳理问题，并引发后续探究活动的持续开展。

3. 支持与回应

（1）问题推进，开启二次田野调查

在新一轮问题的推进下，我们开启第二次探访中餐馆的活动，这次我们的问题更聚焦了，围绕中餐馆有哪些必备元素，如不同的区域划分、人员、物品等等进行探访（见图 1-2-4 和图 1-2-5）。

（2）用高结构活动解决共性问题

在二次探访中餐馆后，教师组织高结构集体活动（详见活动推荐 3）。活动基于前期两次探访中餐馆

图 1-2-4　鑫鑫和爸爸共同探访厨房

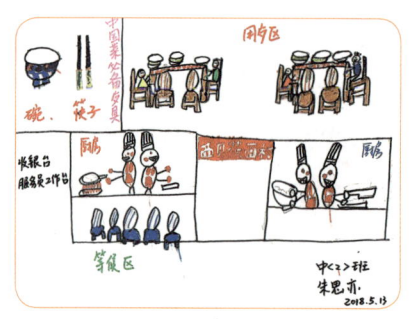

图 1-2-5 Yimi 完成的餐馆区域图

图 1-2-6 幼儿现场"开餐馆"

的活动，从问题情境出发，让中班幼儿在实际生活情境中收集信息并解决问题。经验回顾让幼儿将之前"探访中餐馆"的发现与同伴交流分享，在此过程中，教师引导幼儿运用多种学习方式获取经验，如自我发现、生生互动等，帮助幼儿梳理开中餐馆的必备元素。之后则是现场"开餐馆"（见图 1-2-6），游戏化的情景模拟方式让幼儿全情投入和参与，其中既有经验迁移，也有商量合作，体现了幼儿由输入转化为输出的学习过程。最后是现场评价，幼儿通过实际操作发现问题，为项目式学习活动后续开展提供更多的可能性。

探究 3 我们要开什么样的中餐馆？

体验过了中餐馆，孩子们有了更真实的感受。孩子们自己心目中的和想开的中餐馆是什么样的呢？他们展开了讨论……

1. 观察与实录

幼儿正在为开一家什么样的餐馆讨论着。白板上呈现了目前为止人气最高的三种餐馆：火锅店、港式茶餐厅和带表演的新疆菜馆。

钱多多："婷婷老师，我有个新想法，现在是 6 月份了，我们可以开个小龙虾馆，我爸爸妈妈经常晚上出去吃夜宵的。"

孝孝："我吃过小龙虾的！我还会自己剥呢！"

"我也吃过的！我上个礼拜就吃过的，是我妈妈带我去吃的。"昕昕说。

一时间"小龙虾"这个词引发了幼儿的讨论，大家都和身边小朋友聊起自己吃小龙虾的经历，最后，大家对开一家"小龙虾馆"达成共识。

2. 分析

幼儿显然对集体活动中模拟开中餐馆的体验意犹未尽，他们提出想要在走廊小社会开一家中餐馆。在之前探访中餐馆的活动中他们对于不同类型的餐馆都有所了解，如茶餐厅、新疆餐馆、本帮菜馆等，在陷入选择困难之后，幼儿能够协商解决问题，用投票的方式决定开一家什么样的中餐馆，"少数服从多数"成为他们解决意见不一致的好方法。

3. 支持与回应

（1）鼓励幼儿在集体中大胆表达

在项目式学习中，幼儿往往会亲身经历每一个过程，所以他们都能有话可说。在思维碰撞的过程中，他们既能在集体中分享自己的想法，也会愿意倾听同伴的发现。

（2）民主投票解决问题

民主投票的方式可以给予幼儿自主选择的权利，教师只是幼儿背后的支持者。但前期探访中餐馆活动中绝大部分幼儿都没有去过小龙虾馆，所以教师有针对性地请幼儿在日常生活中探访真正的小龙虾馆，通过实地观摩，丰富幼儿对小龙虾馆的认识与了解，为后续游戏开展积累经验。

探究 4　我们的中餐馆可以营业了吗？

中餐馆要营业了，他们碰到了一些问题，并积极地想办法去解决。

1. 观察与实录

> 　　模拟小龙虾馆的游戏结束后，教师提问："你们觉得今天的小龙虾馆可以开业吗？"
>
> 　　幼儿："好像不行。"
>
> 　　小龙猫："今天我们才发现小龙虾都没有，我们怎么开业？"
>
> 　　教师："谁能帮他们想想办法？"
>
> 　　"我们可以到材料超市找些手工纸画小龙虾。"萱萱说。
>
> 　　教师："小龙猫，你觉得可以吗？"
>
> 　　小龙猫："可以是可以，但是画完了还要剪，而且纸头的（小龙虾）我炒不起来。"
>
> 　　教师："看来小龙虾馆的老板要求挺高的。谁再来试试？"
>
> 　　Yimi："我知道，可以用轻泥呀，干了就好了。"
>
> 　　"我觉得可以。"小龙猫笑着点头说道。
>
> 　　教师："除了小龙虾还缺什么材料吗？"
>
> 　　小龙猫："还有菜单，现在海报只有一张，如果有好多客人就不够了。"
>
> 　　教师："那么这些准备工作你们觉得什么时候做适合呢？"
>
> 　　幼儿："自由活动！""个别化学习活动！""玩游戏的时候也可以。"

2. 分析

小龙虾馆开张首日却以失败告终，尽管幼儿迁移运用了集体活动中开一家中餐馆所需要的环境这一经验，但游戏只有环境似乎不够，聪明的幼儿发现了这一问题，材料也是必要的。在实践中幼儿发现问题，提出问题，并结合幼儿园一日活动的时间安排，尝试解决问题。最终，幼儿想到利用一天中不同的时间段为中餐馆游戏做准备。

3. 支持与回应

（1）自主评价引发持续探究

中班的幼儿已经具备一定的自主评价的能力，教师在支持幼儿自主评价的过程中，利用适宜的问题能驱动幼儿主动思考，激发幼儿的探索欲望。好的驱动性问题能启发幼儿展开思考、评价与探索，能追随幼儿的一次次探究而不断变化。在整个中餐馆项目开展过程中，教师关注核心问题的可拓展性，启发幼儿不断寻找、发现新问题，让幼儿在一次次的活动中建立"经验链"，能持续地探究。在真实的问题情境中，教师针对不同情况提出开放性的问题，鼓励幼儿积极思考、尝试探究、解决问题。

（2）适时退后，赋权幼儿

幼儿巧妙地想到一日活动中有许多可以为"小龙虾馆做准备"的时段，如自由活动时间、个别化学习活动时间等，教师适时退后，在不影响课程的前提下放权给幼儿，让幼儿成为自己作息的主人。于是，幼儿开始为"小龙虾馆"忙乎起来了。有一些幼儿为"小龙虾馆"绘制海报（见图1-2-7）；有一些幼儿负责制作小龙虾，用轻泥做的小龙虾看上去栩栩如生（见图1-2-8）；还有一些幼儿负责运送小龙虾，他们拿着小推车小心翼翼地装运着（见图1-2-9）……

图1-2-7　绘制海报　　　　图1-2-8　制作小龙虾　　　　图1-2-9　运送小龙虾

六、项目成果

"中餐馆之小龙虾馆"开张啦！

从想开中餐馆，到调研和体验中餐馆，再到最后尝试开小龙虾馆，孩子们在不断地探索、反思、调整，最后，中餐馆之小龙虾馆终于开张了。

1. 观察与实录

这次，有一部分幼儿去了走廊（见图1-2-10）忙乎起来，一部分幼儿留在了教室。走廊的幼儿在玩什么呢？

幼儿布置好小龙虾馆环境后，毛毛拿着纸笔在画画，辰辰走过去问："你在画什么呢？"

"我在画二维码，如果客人没带钱，就可以扫一扫付钱了！这个叫扫码支付。"

教室里的幼儿在玩什么呢？

昕昕和Yimi在制作小龙虾，昕昕做尾巴，Yimi做胡须和身体，她们两个分工合作，很快做出一盘小龙虾。这时，登登推来了小推车，他把同伴做好的小龙虾送到了小龙虾馆，当起了搬运工。

萱萱在制作菜单，有十三香口味、啤酒味，还有冰镇味的……菜单完成了，搬运工登登马上把它们送到小龙虾馆。

每个幼儿都在为小龙虾馆忙碌着……

图1-2-10　热闹的走廊

2. 分析

在大家的共同努力下，我们的中餐馆顺利开张啦。幼儿这一段时间的探究也充分地呈现在游戏中，如生活化的电子支付、合理化的分工等等，这些既基于一次次的田野调查，又源于一次次问题的提出，幼儿不断解决与调整，每个幼儿都为小龙虾馆的顺利开张献出自己小小的力量。而在此过程中，幼儿不仅享受游戏的快乐，也感受探究的乐趣。

3. 支持与回应

（1）欣赏肯定，成果分享

在这场轰轰烈烈的探究活动中，幼儿是探究学习的主体，教师对他们的探究及游戏行为予以肯定和鼓励，用照片、视频等形式记录并分享，让爸爸妈妈共同分享中餐馆成功开张的喜悦，幼儿也充分感受探究的乐趣及被肯定的满足。

（2）提出问题，引发思考

"你们还想开一家怎样的中餐馆？""幼儿园还有哪些地方可以开中餐馆？"……新问题的产生可以引发幼儿后续的探究。

不久之后，我们的中餐馆越来越丰富了，有上海小吃馆、西贝馆，还有户外烧烤馆（见图1-2-11到图1-2-13）……

图1-2-11　上海小吃馆

图1-2-12　西贝馆

图1-2-13　户外烧烤馆

七、项目反思

1. 幼儿在游戏中成为主动学习者

"什么是中餐馆？"引出幼儿新游戏的主题，在游戏过程中一个问题接着一个问题，串联起幼儿游戏的进程，让他们在每次游戏情景中都可以不断思考，并整合多种经验，丰富、调整游戏行为。除了游戏行为得到激发外，在整个过程中，适当的设疑也能引发幼儿主动探究的兴趣，培养他们主动思维的品质。幼儿自发生成游戏内容，当问题产生时，他们能积极寻求方法，解决问题；当游戏开展时，他们又充满创意，不断创新……

2. 高低结构活动的转化推进幼儿活动的进程

从问题出发，由探访开始，以及游戏化的集体活动"我们可以开中餐馆了吗？"引发幼儿在走廊小社会继续开展游戏的兴趣，并将活动中获得的经验运用到游戏中。而当游戏中有共性问题产生时，可以通过游戏后的即时分享或游戏化的高结构活动促进幼儿游戏的再发展，两种活动形式随着幼儿的经验、需求不断转化，又相辅相成，不断推进幼儿游戏进程。

3. 游戏行为促进幼儿自主评价的发展

著名教育家杜威说："生活即教育，游戏即生活。"游戏是构成儿童自我认识、自我评价的途径和手段。比如：在每一次中餐馆开张结束后，幼儿都会对本次游戏中的员工们进行自主评价。大家从服务态度、服务质量、服务能力等各方面，选出心中最佳员工。在游戏中培养幼儿的自我评价能力，可以促进幼儿自我评价客观性、独立性的发展。

4. 传统文化渗透于幼儿的活动过程

在幼儿阶段重视传统文化的渗透，是对传统文化的传承与发扬。幼儿在他们喜爱的游戏中自然而然了解中国传统文化，如在田野调查后，幼儿初步了解中国菜、中餐馆中的传统文化（中式装饰、筷子使用等），以及中国电商的快速发展（扫描支付等）……此外，幼儿在游戏活动中自然迁移，运用生活中感受到的传统文化，如中式摆设的寓意、色彩的搭配等。幼儿在自由自主的游戏中不仅能感受游戏的乐趣，同时，能体验有趣有益的传统文化，增强民族自豪感和自信心。

"我们的中餐馆"还在进行中，除了小龙虾馆，幼儿还开起了上海小吃馆、西贝馆……我们的项目探究活动还在继续，作为幼儿的支持者，我们将继续关注幼儿的游戏过程和学习方式，让幼儿主动发现问题和解决问题，主动探究和多元表达，让游戏持续，让学习发展，让教育面向未来。

八、项目资源

🤖 **相关资料**

1. 绘本推荐：《餐桌上的历程》（石油工业出版社，作者：米莱童书），"中国记忆——传统节日"系列丛书（北京师范大学出版社，作者：王早早），《大米是怎么来的》（华东师范大学出版社，作者：岑建强）等。

2. 视频推荐：纪录片《舌尖上的中国》。

📖 **活动评价表**

表1-2-1 "我们的中餐馆"教师、家长观察评价表

内容与要求	观察要点	水平表现一	水平表现三	水平表现五
通过田野调查、制订计划、初步合作、交流互动等探究过程，尝试开展中餐馆系列活动	喜欢接触新事物，愿意提出问题或想法；能根据自己的想法进行游戏或相关活动	喜欢接触新事物，并对中餐馆话题感兴趣	在探访中餐馆后，能经常问一些与中餐馆相关的问题	能对自己感兴趣的问题提出想法并深入探索
	能通过采访、借助网络、查阅书籍等方法调查、收集关于中餐馆的信息	乐于参与中餐馆相关活动	根据自己的想法与同伴进行中餐馆游戏	能主动发起活动，或在活动中出主意、想办法
	在成人的帮助下能制订简单的调查计划并执行，用数字、图画、图表或其他符号收集并记录信息	能用短句来表达选择；记录某一物体/事件，并能说出代表的意思	能制订含有1～2个细节的计划，能够画出包含至少4个组成部分的表征作品	能制订含有3个或3个以上细节的计划；完整表征物体/事件，其中至少有1个组成部分包含细节的展现
培养幼儿采集信息、分工合作、解决问题等综合能力	在分享交流中，能有序、连贯、清楚地讲述自己探访中餐馆后的发现	能用4个或4个以上词汇组成一句话来描述有关中餐馆的发现	能用2个或更多的简单句描述有关中餐馆的发现	能使用一些具有连接词的复杂句式描述有关中餐馆的发现

（续表）

内容与要求	观察要点	水平表现一	水平表现三	水平表现五
	知道中餐的八大菜系，了解自己家乡的菜系及其特点，知道一些其他地域菜系的特点，知道一些地方菜系特殊的用餐礼仪或习俗	愿意向大家介绍自己的家乡菜	知道自己家乡菜属于哪个菜系以及一些菜系的特点	了解一些民族或地区的用餐礼仪或习俗
知道中国有不同菜系的中餐馆，初步了解中国传统饮食文化	愿意去不同类型的中餐馆尝试各种地方菜，知道不同中餐馆的环境特色和特色名菜	去过一些中餐馆，吃过一些地方菜系，能说出部分菜系或者餐馆的名称	除了了解中餐馆部分菜系和餐馆名称外，知道一些中餐馆的装修风格，能简单描述其环境特色	能根据餐厅装修、布置大概辨认中餐馆，并知道一些特色菜
	在低结构游戏中，主动承担任务，遇到困难能动手动脑尝试自己解决问题，不轻易求助	能自主选择相关游戏，专注于游戏	能与同伴共同合作游戏，主动承担任务并专注于游戏	幼儿自主与其他幼儿协商，有计划地进行游戏，并能解决其中遇到的问题

🏉 **活动推荐**

活动推荐1 小组探究"小龙虾馆"

活动目标

通过低结构活动"小龙虾馆"，丰富中餐馆经验，提升发现问题、解决问题的能力。

活动材料

游戏环境支持、材料超市提供等。

活动玩法

1. 幼儿收集各类有关材料，或在教室材料超市寻找替代物等。
2. 幼儿在自主游戏中开展"小龙虾馆"活动。

观察重点

1. 关注幼儿在过程中关于中餐馆经验的运用与迁移。

2. 观察幼儿会遇到哪些问题，他们会用哪些方法解决问题。

活动推荐2 个别探究"我设计的中餐馆"

活动目标

通过个别化学习活动"我设计的中餐馆"，鼓励幼儿用建构的方式表现不同的中餐馆。

活动材料

建构材料、纸、笔等。

活动玩法

1. 在区域内投放中餐馆的亲子小报，给予幼儿环境支持，尝试用不同的材料搭建中餐馆（见图1-2-14）。

2. 鼓励幼儿设计、想象，能创意搭建出不同的中餐馆。

图 1-2-14 幼儿搭建的中餐馆

观察重点

1. 观察环境对幼儿的支持作用。

2. 观察幼儿设计图纸与其搭建之间的关联。

活动推荐3 集体活动"我们可以开中餐馆了吗？"

活动目标

1. 在分享交流的过程中，了解中餐馆的基本特点，并尝试进行中餐馆的初步规划。

2. 关注中餐馆特有的中国元素，对中餐馆感兴趣。

活动准备

1. 经验准备：完成餐厅田野调查。

2. 物质准备：白板、海报、家具和餐具等。

活动过程

一、回顾导入

师：最近我们都在聊关于"中餐馆"的那些事，请你说说什么是中餐馆。

提问：如果我们也想要开一家中餐馆，需要做哪些准备？

二、头脑风暴

1. 自由表述——经验回顾。

2. 问题树——生生互动。

3. 教师提问——寻找发现。

小结：我们发现要开一家中餐馆，只要做好以下三个准备工作就可以。

区域：厨房区、用餐区、收银区、表演区、厕所、游乐场……。

工作人员：厨师、服务员、老板。

材料：桌子、椅子、桌布、餐具和装饰等。

三、情景模拟

1. 幼儿现场"开餐馆"（见图1-2-15）。

教师提供简单的家具摆设，幼儿进行现场模拟，进行餐厅布局摆放、人员安排等。

2. 分享交流与介绍。

3. 客人老师现场评价（见图1-2-16）。

小结：今天我们不仅聊了中餐馆，还把中餐馆开出来了，我们成功迈出了第一步。不过我们也发现了新的问题，可以带着这些问题继续我们之后的活动。

图1-2-15 幼儿现场开餐馆　　　　图1-2-16 客人老师现场评价

项目3
一片茶叶的旅行

大班

一、项目缘起

在大宁国际"有用的植物"主题课程和传统文化节活动中，孩子们认识了很多植物，并知道茶叶是植物的一种，有一定的保健作用。

恰逢孩子们在大班主题"我是中国人"中接触了大量的中国文化符号，在围绕中国文化的交流中我们讲到了"茶"是中国特色，在绘本阅读中孩子们发现了"茶"的种种故事……因此，我们认为"茶"是一个非常好的切入点。"茶"作为中国文化中具有特色的符号，既贴近生活又蕴含深厚的价值，茶文化的源远流长横跨了古今中外，也包含了种植方法、运输、文化交流等的探索。这项围绕茶的探究，会将孩子们带向哪里？一个大胆的项目尝试在孩子们的自主驱动下展开了。

二、项目流程图

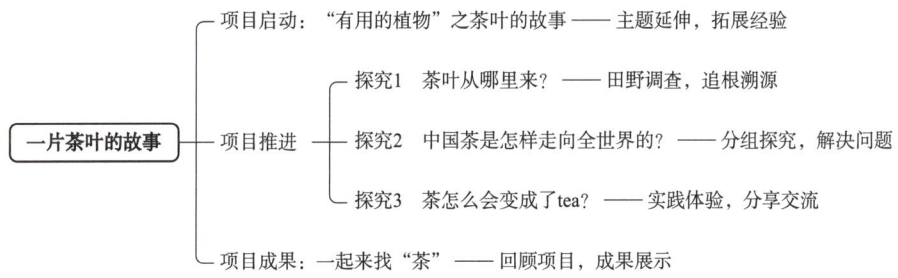

一片茶叶的故事
- 项目启动："有用的植物"之茶叶的故事 —— 主题延伸，拓展经验
- 项目推进
  - 探究1 茶叶从哪里来？ —— 田野调查，追根溯源
  - 探究2 中国茶是怎样走向全世界的？ —— 分组探究，解决问题
  - 探究3 茶怎么会变成了tea？ —— 实践体验，分享交流
- 项目成果：一起来找"茶" —— 回顾项目，成果展示

三、目标与要求

① 通过田野调查，完成制订计划、小组合作、记录分析的探究过程。

② 培养合作探究、反思调整等持续探究的能力。

③ 开展具有中、西方特色的茶文化活动，体验不一样的茶文化，了解中、西方茶文化的差异。

四、项目启动

1. 环境与资源

① 通过"我是中国人"主题墙面的经验梳理和教室环境中式韵味和中式氛围的创设，让幼儿对自己的民族和国家有初步的了解，理解国家的简单礼仪和风俗，为自己是中国人感到骄傲。

② 借助"小宁小当家"活动室体验中西式食文化礼仪，理解尊重各地区、各民族之间的用餐风俗。在"小宁香草园"的户外探究中，积累对不同植物外形特征、习性之类的经验。初步感受人类生活和自然环境之间的关系。

2. 家庭小调查——引发探究

在"有用的植物"主题活动中我们谈到了可以治病的植物，其中"茶"作为中草药的雏形引起了幼儿的兴趣，有幼儿说到了家里有人爱喝茶，所以我们就"家人喜欢喝什么茶？茶叶的种类有哪些？茶具有哪些？"这些问题展开了小调查。

3. 探访活动——促进体验

顺着幼儿的兴趣经验，我们决定共同开展一场"探访茶叶市场"的田野调查活动：和爸爸妈妈一起去逛逛茶城，看看茶具，选择一家茶馆，观察茶叶的外形特征等。在爸爸妈妈的帮助下，幼儿将自己的发现记录下来，并完成亲子小报。

4. 提出驱动性问题

根据家庭小调查的结果和探访茶馆，我们从了解身边人喝的茶叶开始探究，追溯茶的产地和历史，了解茶的过去和现在，再次回归到茶和我们生活的关系。形成了以下四个驱动性问题：

① 茶叶从哪里来？
② 中国茶是怎样走向全世界的？
③ 茶怎么会变成了 tea？
④ 一起来找茶

五、项目推进

探究 1　茶叶从哪里来？

1. 观察与实录

通过大量的前期调查和资料收集，孩子们拼制出了"中国茶叶产地图"。他们发现中国南方地区盛产茶叶。

经过讨论，孩子们认为所处的城市上海也属于南方，可以尝试在自然角种植茶叶。他们买来茶苗，寻找泥土，选择工具，教室的茶园里成了孩子们的实验基地。

但是由于茶苗的生长周期比较缓慢，迁移的茶苗生根、生长需要时间，在一个月左右的时间里，茶苗毫无起色，甚至连刚种下时的绿叶也枯黄了。

种植小组的孩子们十分不甘心，议论着怎么办。

小宇："光照不够吧？教室里晒不到太阳，怎么发芽？"

教师："你们确定这个茶苗死了吗？"

孩子们："不确定，说不定时间够久也能长出新的苗来。"

孩子们决定，给它们点时间吧，再观察观察。

种植小组的孩子们各自按照自己的想法重新制订了计划，种植水培茶苗，寻找适合的营养土配方，增加光照，多给点时间再观察原先的茶苗。

有的孩子带来生根剂，有的带来了牛奶和酸奶，还有的带来了光照灯。根据孩子们的想法，我们分成了营养土培组、营养水培组、光照组。再次进行探究（见图 1-3-1）。

水培组计划用牛奶和糖水进行水培，但是他们发现糖水和牛奶会引来很多蚂蚁，茶苗发黑了。

心妍："我觉得牛奶和糖水都有香甜的味道，是蚂蚁喜欢的，茶苗发黑了，说明茶苗不喜欢，我觉得茶水是苦的，茶苗也许喜欢苦苦的水。"

第二天，她带来了菊花茶和大麦茶，泡好晾好，倒入了水培瓶中。

图 1-3-1 分组探究培育茶苗

2. 分析

随着活动的进一步开展，孩子们提出了"茶叶从哪里来的？"这个问题。这个问题有价值吗？它和食文化相关吗？对照"不一样的茶文化"的内容与要求，教师进行了讨论，最后，我们一致认为：无论哪一种文化都离不开对历史的追根溯源，这是对文化的一种探究形式。食文化不仅仅在于品尝和体验。

大班孩子在计划和实施的过程中会发现计划的漏洞以及现实的条件限制，会思考如何修正自己的计划和行为，调整目标，制定更优质的行动方案并以自己的已有经验去解释一些客观现象。在茶叶种植的尝试中，孩子们小组合作，有计划、有分工，在这样的任务情境下，他们学着建立倾听、协商、互动、合作的人际关系，同时也是在建立自我学习的责任心。

3. 支持与回应

（1）给予幼儿试错与反思的时间

教师应提供充足的时间，让幼儿在试错和反思中成长。孩子们从计划到发现问题，从试错到反思需要较长一段时间，我们应该给予幼儿时间上的支持，以保证幼儿持续地投入项目学习。

（2）用科学的态度和实验的方法了解茶叶的不同

在案例中，孩子们小组合作，有计划、有分工。在这样的任务情境下，他们尝试着控制茶叶生长的变量来进行猜测和预判。这样科学严谨的态度，可以运用到对不同种类的茶的探究中，通过闻味、辨色、品尝等一系列的方法，展开对茶的探究（详见活动推荐1）。

探究2　中国茶是怎样走向全世界的？

随着项目的发展，幼儿对茶的历史的追溯不断深入，并且逐步了解了各国的饮茶文化，幼儿开始对"茶叶的流通和贸易"产生了兴趣。

1. 观察与实录

　　随着调查的深入，有部分孩子提出了"中国的茶是怎样运到全世界的？"问题一出，就立刻有人给出了解答："用快递啊！"

　　又有人反问："古代没有汽车、火车和飞机，古代有快递吗？"带着问题的孩子们第二天带来两种答案：

　　一种是，中国的茶是从丝绸之路运往欧洲的；另一种是，中国的茶是郑和下西洋时运往欧洲的。

　　根据搜集到的线索，孩子们形成了"海上丝绸之路"和"陆上丝绸之路"两个不同的探究小组。正当海上丝绸之路的小组成员们为如何做一艘郑和下西洋的大船忙得不亦乐乎的时候，乔宇却对茶叶的运输细节产生了疑问：茶叶是装在船上运输的，不会进水受潮吗？古代没有泡沫纸和胶带，茶叶是怎样包装的？

　　带着困惑的乔宇在妈妈的帮助下走进图书馆开始查找资料。这一次，乔宇带来了一本自己做的书：《茶叶运输的小故事》。

　　乔宇："你们知道中国人在丝绸之路上是怎样运送茶叶的吗？聪明的中国人把上等茶叶装进瓷器，在瓷器的周围填满中等的茶叶，装在小号檀木箱子里，再用较低等的茶叶填满四周，装进大一号的檀木箱。这样既节约空间，也保护了瓷器和茶。到了欧洲，中国人将茶叶分成三等，以不同的价格卖给茶叶商，将瓷器卖给瓷器商，还将小檀木盒做成首饰盒、大箱子做成家具卖给欧洲商人。其中没有产生任何快递包装垃圾，为中国古代劳动人民的智慧点赞。"（见图1-3-2到图1-3-6）

图1-3-2 你们知道中国人在丝绸之路上是怎样运送茶叶的吗?

图1-3-3 聪明的中国人把上等茶叶装进瓷器,在瓷器的周围填满中等的茶叶,装在小号檀木箱子里,再用较低等的茶叶填满四周,装进大一号的檀木箱。这样既节约空间,也保护了瓷器和茶

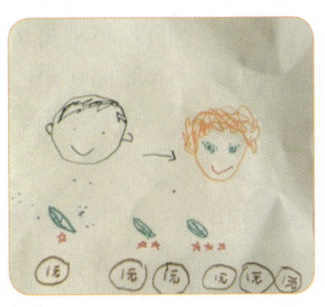

图1-3-4 到了欧洲,中国人将茶叶分成三等,以不同的价格卖给茶叶商

图1-3-5 将瓷器卖给瓷器商,还将小檀木盒做成首饰盒、大箱子做成家具卖给欧洲商人

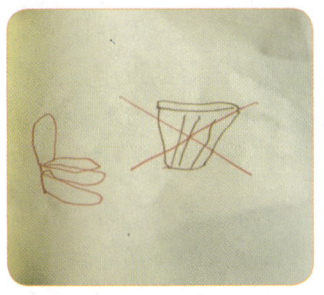

图1-3-6 其中没有产生任何快递包装垃圾,为中国古代劳动人民的智慧点赞

2. 分析

文化的传承和探究离不开书,从图书馆到自制书,体现了孩子们在茶文化的探究中追寻历史、了解真相、留下自己理解和消化的痕迹并将经验再一次分享给集体的过程。项目式学习应该尊重幼儿多样化的学习方式,每个幼儿都有自己的学习方式,既可以是集体活动讨论中的互相启发,也可以是小组探究时共同闪现的灵感火花,还可以是个体探究中自我经验的升华。乔宇的个体探究就是以独特的视角独自循证,并用简单的表征来分享经验的过程。

3. 支持与回应

(1)鼓励"志同道合"的小组探究

在丝绸之路的探究中,几个孩子提出"为什么骆驼可以成为丝绸之路上的交通工具?"的问题。于是,他们找来了骆驼模型、相关书籍和视频动画等,了解骆驼的特殊生理构造以及驮运货物的工作方式(见图1-3-7)。教师也给他们提供了纸箱、彩泥等相关材料,并结合主题活动"动物大世界"中人们从动物身上学来的本领，引导和启发孩子关注动物身体构造的优势以及人们可以模仿的相关科学原理。

图 1-3-7　幼儿利用建模来探究骆驼的身体构造　　图 1-3-8　乔宝利用牛奶盒制作郑和号轮船上的烟囱

（2）支持"独立思考"的个体探究

乔宝对丝绸之路上的船很有兴趣，当同组的其他孩子都在水盆里面试验哪些船可以开得更远更久、怎样让承重力更强的时候，他对船的整体构造产生了兴趣，想自己模拟搭一艘郑和出海的设施齐全的大船。教师鼓励他利用建构区的各种低结构材料，并参照历史纪录片的原型，对大船的构造进行还原和建模。

（3）体验"沉浸式绘本阅读"的集体探究

除了丝绸之路，茶马古道也是中国古代劳动人民在茶叶贸易的过程中通过勤劳和智慧开辟出来的一条险路。借助绘本《远山牛铃声，远山马铃响》，孩子们在共同阅读和讨论中体验当时情境下，了解到茶在人们的情感交际中扮演的重要角色，品味在茶马古道路途中留下的文化遗产（详见活动推荐2）。

探究 3　茶怎么会变成了 tea ？

通过小组探究和查找资料，孩子们对中国的丝绸之路和茶叶贸易有了更深入的了解。当信息逐渐增多的时候，问题也随之而来……

1. 观察与实录

最近一段时间的"小小新闻播报"总是离不开习近平主席提出的"一带一路"。孩子们也逐渐了解到中国的茶叶正是通过丝绸之路运输到世界各地的，还搜集了丝绸之路沿线的很多国家的名称。

突然，悠悠笑着说："你们看多好笑，这些国家的名字英文读起来和中文读起来一样的。大家觉得这些接近的读音很有趣。"

小柯："可是China和中国一点都不像。"

为什么中国叫China？会和茶有关系吗？

小严："我的老家在景德镇，出瓷器的地方，中国的瓷器最有名，瓷器就是china，所以中国叫 China。"

教师："瓷器为什么叫 china？"

孩子们思考不停，追问不断。

小严答不上来，很尴尬。

教师："没关系，你可以求助外援。"

第二天，小严妈妈作为顾问被邀请到了幼儿园，并用图文并茂的手绘小报作了详细的解释（见图1-3-9）："景德镇因为在昌江之南，因此它的古称叫'昌南'，因为当地生产的瓷器质地优良，因此'昌南'就成了瓷器的代名词，'china'就是音译过来的瓷都'昌南'，由于中国的瓷器在古代享誉海外，因此瓷器 china 最后成了中国的英文名称 'China' 的基础。"

喵喵："那么茶为什么叫 tea？不叫 cha？你看，我们很多茶饮料上写的就是 tea。"

悠悠："也有奶茶和乌龙茶饮料的广告叫它 cha。"

新问题的产生是基于上个问题的思考和追问，追问和质疑都是一种思辨的能力。小组成员查了好几天资料，都没有提及这个问题，一时陷入瓶颈。这天的自由活动时间，悠悠看着丝绸之路的地图说："你们看，茶是从福建出发送往欧洲的，tea 会不会像昌南一样是福建的地方名字呢？"

教师："我们班级的保育员小吕老师就是福建人，要不你们问问她。"

假设的问题，这么快就得到了验证的途径，孩子们激动起来，纷纷围住了小吕老师，问道："tea 是福建的一个地方吗？"（见图1-3-10）

小吕老师："不是，我没有听说过这个地方，不过我们福建人说茶叫 tie，最早的茶叶就是我们福建的茶叶商人卖出去的。"

原来福建的方言对茶的称呼成了茶在世界上的名称，茶也从福建泉州这个海上丝绸之路的起点，从中国走向了世界。

图1-3-9 小严妈妈和小严一起绘制的"瓷器起源"小报

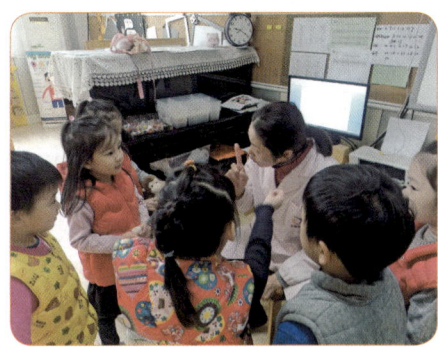

图1-3-10 幼儿采访福建籍保育员小吕老师

2. 分析

项目式学习"一片茶叶的旅行"可以说是一场指向大班幼儿自主探究的实践研究，而文化的研究不同于科学探索和发明，怎样把抽象的文化具象化，用PBL教学模式让幼儿主动建构文化印象，是教师在跟进这个项目时不断思考的一个问题，从一开始的困惑到逐渐明朗，拨云见日，这还是应该归功于幼儿的行为表现。孩子们一切行为如果由其主动表现，那在这个过程中教师应该将更多的主动权交给幼儿，改变教师传统知识传授者的形象，引导幼儿主动探究。相信孩子是有能力的学习者，无论是文化追寻还是创造发明，都可以有意想不到的收获。

教师后来查阅了一些资料，发现在辞书中，中国的英语（China）来源于古印度、希腊、罗马对中国的尊称，早在中国瓷器还没有产生的殷商时期已经出现。而指代"瓷器"的"china"却出现得很晚。小严同学的说法是民间流传的一种"China"的起源，但不够严谨。

3. 支持与回应

当幼儿提出的问题在层层深入时，教师对幼儿所提问题的持续关注，可以发现幼儿在什么地方遇到了难以突破的困难和瓶颈，从而提升项目式学习的价值。

（1）建立家长专家团

当幼儿五花八门的问题涉及教师的知识盲区，来自各行各业的家长就可以成为家长专家团。利用家长专家资源的支持，"家长进课堂"等形式为孩子们在项目中遇到的问题答疑解惑。

教师对于这些家长或孩子找到的答案应予以肯定和尊重，但也应该自己查阅官方文献资料进行考证，形成平等、尊重、共研的一种项目探究氛围，给幼儿的深度学习树立榜样。

（2）拓展应用人文资源

在这个案例中，教师及时为幼儿提供所需要的人文资源的拓展与应用。除了家长专家资源外，来自不同地域、拥有不同文化背景、带有地方文化特色的保育员也是就近可得的人文资源。同时幼儿园也可以利用社区资源，如各类博物馆、文化馆、爱国主义教育基地等来支持幼儿的深入探究，在真实的环境中帮助幼儿解决真问题。

（3）联系实际关注"茶"的演变

当"茶"变成"tea"，茶也有了更多的形态和饮用方法，孩子们发现很多老师还有孩子们的妈妈爱喝奶茶，奶茶以"茶"冠名又不同于传统的茶叶茶，里面可以加入各种各样的配料，是当下流行的一种茶文化。通过"探访奶茶店"，孩子们发现身边变得越来越时尚的"茶文化"（详见活动推荐3）。由此我们的探究目光从狭义的茶投向了广义的茶，从传统的茶转变为时尚的茶。

六、项目成果

从了解茶叶的历史和由来，到调研茶叶的贸易和运输，再到最后关注"茶"变成"tea"，这不仅仅是称呼上的改变，孩子们发现生活中的"茶"已从狭义变成了广义："下午茶"是下午点心的统称，"早茶"已经成了"早饭"的另外一种说法，"出来一起喝茶"就是出来见面聊天……孩子们在不断的探索、求证、思考的过程中渐渐发现茶不仅仅以它植物泡水的形态出现在我们的生活中，生活中还有各种形态的带"茶"的东西。

一起来找"茶"

1. 观察与实录

这段时间，孩子们对各种茶的衍生物特别感兴趣。他们从家里带来了茶籽油、茶饮料、茶牙膏、茶化妆品和茶点心等各种物品（见图1-3-11）。大家用一用、尝一尝，纷纷说着自己的感受。

教师问："为什么要用茶来做这些物品？有什么好处吗？"

孩子们在课堂上展开了分组讨论。

小组体验的时候香香带来了一瓶茶乳液，只见他先拧开盖子，给大家闻了一圈。

香香问："你们闻到茶叶的味道了吗？我这个涂脸的香香可香了呢！"

"给你们涂一点试试。"香香一边说一边在每个人的手心里挤了一点。

"抹脸上"……"你要把它涂开"……"香吗？"香香指导身边的小朋友使用，并不断地询问大家感受。

"我带来的茶叶枕头里有茶叶，你这个香香里茶叶在哪里？"洛洛抛出了一个问题。

"嗯……我也不知道呀，可能它已经磨成了很细的粉了吧。"香香说。

"茶叶的粉不应该是绿颜色的吗？你的香香是白色的哎！"丞丞接着问。

"不知道，我妈妈告诉我，把茶放到化妆品里人涂了不会老。她的香香都是白色的。"香香说。

图1-3-11 它们都"姓"茶

2. 分析

大班幼儿不仅能了解物体直观的成分，也逐渐能够透过现象看到本质，了解物品内在的成分与构造，比如物品的材质、食品的配料等。

因此，幼儿在不断找"茶"的过程中，已经从表面的茶叶，逐步发现了含有茶叶成分的茶产品，从其名称、配方、香味上找到"茶"元素，通过将找到的茶叶制品进行汇集、展示，积极主动地和同伴交流使用感受，在体验和信息交互过程中深入探索茶的成分对人们生活的贡献。他们对茶的药用价值以及它在中国文化中的寓意有了直观的体验。

一起来找"茶"的形式也给了幼儿更广阔的探究思路，帮助幼儿关注生活的细节，从具象的茶找到抽象的茶。这对于思维处在前运算阶段逐步向具体运算阶段过渡的大班孩子来说，有助于形成物品守恒概念。

3. 支持与回应

（1）梳理经验、拓宽视野

教师将幼儿搜集来的与茶有关的物品进行分类、整理，帮助幼儿梳理经验。引导幼儿通过观看茶油提炼过程的相关视频，拓宽幼儿的知识面。

（2）亲身接触、感性体验

在一日生活中和低结构活动中创设更多的机会，让孩子们充分体验以茶为原料制作的各种物品。通过使用含有茶成分的产品，鼓励幼儿评价，并与同伴交流使用感受，进一步了解茶在生活中广泛的用途和功效。

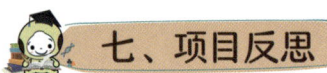

七、项目反思

1. 厘清项目发展主线

我们以"一片茶叶的旅行"为主线，以幼儿自主提出的问题为分支，鼓励幼儿发现问题、自主结对、制订计划、实践探索，不断调整，在自主探究、自主思考、自主学习的状态下解决问题。项目既满足大班幼儿的认知需求，又让幼儿在探究茶的过程中感受文化的多元。可以说，这是一场指向大班幼儿自主探究的实践研究。

2. 尊重文化本身的内涵

我们以"茶从哪里来"为起点，关注茶叶本身的产地、种植和生长。通过追溯茶叶的历史，了解茶叶的文化发展，逐步由具象的"茶叶茶"拓展到各种形态广义的"茶"饮，从传统的茶道文化逐步关注到现下流行的奶茶文化，最终我们以一个"一起来找茶"的活动。将寻找生活中"只闻茶音，不见茶影"的、与茶相关的生活用品的活动作为总结，将视野从历史、外部世界拉回到实际生活中，发现茶的衍生物在日用保健方面也起到相当大的作用，"茶"和我们的生活密不可分，息息相关，使幼儿感受到茶在生活中扮演着十分重要的角色。

由此，一片茶叶从茶园到世界、从紫砂茶壶到各种新颖的包装、从茶叶形态到茶叶提取物的旅行即将到达终点，但是终点也是起点，我们的茶文化还有更多可以值得探究的空间，有待孩子们去发现。

3. 关注幼儿的深度学习

在整个项目中，大班孩子围绕着富有挑战性的课题，全身心地积极投入，同伴间合作与探究。我们可以看到这过程并不是一帆风顺的，但是面对问题，教师给予了孩子积极思考的空间：当茶苗种不活的时候，幼儿对自己的行为进行了反思和调整。幼儿个体探究的成果被肯定：与别人兴趣点不同时，幼儿可以有自己的关注点并自主调研。教师提示了解决问题的方向：当发现茶和 tea 的发音不同的时候，幼儿又展开了讨论、推理和思辨，教师及时引导孩子采访福建籍的保育员。这一系列的支持与回应帮助幼儿迁移已有经验，最终解决实际问题，是一种有意义的学习过程。

 **八、项目资源**

相关资料

1. 绘本推荐：《中国植物，很高兴认识你》（北京理工大学出版社，作者：米莱童书），《田野里的自然历史课》（中国农业出版社，作者：米莱童书），《三月茶》（华东师范大学出版社，作者：王晓明），《茶马古道——远山牛铃声，远山马铃响》（江苏凤凰少年儿童出版社，作者：李如青）。

2. 视频推荐：纪录片《茶界中国》《茶叶中国》《茶：一片树叶的故事》。

活动评价表

表 1-3-1 "一片茶叶的旅行"教师、家长观察评价表

内容与要求	观察要点	水平表现一	水平表现三	水平表现五
通过田野调查、制订计划、小组合作、记录分析等探究过程，开展有中西特色的茶文化活动	能通过观察比较与分析，发现并描述物体的特征或事物的变化	能仔细观察自己感兴趣的食物，发现其明显特征	能根据观察结果提出疑问，并运用已有经验大胆猜测	能用一些简单的方法来验证自己的猜测，并根据结果进行调整
	能通过采访成人、借助网络、查阅书籍等方法收集信息	能用多种感官或动作探索事物，对结果感兴趣	能通过简单的调查，收集自己需要的相关信息	在帮助下，能制订简单的调查计划，并按计划收集信息
培养幼儿合作探究、反思调整等持续探究的能力	能用数字、图画、图标或其他符号进行记录，能用一定方法验证自己的猜测	能用简单的符号进行记录	能用图画或其他符号记录自己的探究过程或结果	能运用数字、图画、图标或其他符号等记录探究过程和结果

（续表）

内容与要求	观察要点	水平表现一	水平表现三	水平表现五
	能在探究中与他人合作与交流，过程中坚持不放弃、反复尝试直到完成	愿意做自己力所能及的事，乐意接受一些小任务	愿意尝试有一定难度的活动和任务	敢于尝试有一定挑战性的任务，能设法努力完成自己接受的任务
体验不一样的茶文化，了解中西茶文化的差异	知道中国是一个多民族的大家庭，体验其他民族、国家的简单礼仪	经引导，能感受不同地区茶文化的差异	能感受不同地区茶文化的特点	知道中国是一个多民族的大家庭，体验其他民族、国家的茶文化（礼仪、风俗等）
	理解各地区、各民族之间的人是平等的，应该互相尊重、友好相处	愿意接触自己民族以外的其他民族或地区	对其他民族的人或外国人能表现出自然、大方的态度	理解各地区、各民族之间的人是平等的，应该互相尊重、友好相处

🏈 **活动推荐**

活动推荐1　小组探究"茶叶大不同"

活动目标

通过个别化学习活动"茶叶大不同"，鼓励幼儿用各种方式给茶叶分类。

活动材料

放大镜、各种茶包、记录表、笔等。

活动玩法

1. 在区域内投放各种茶叶和茶包，鼓励幼儿观察茶叶的特征并比较它们外形的区别（见图1-3-12和图1-3-13）。

2. 冲泡茶包，观察不同的茶汤色泽和茶叶形态（见图1-3-14和图1-3-15）。

3. 鼓励幼儿通过绘画记录的方式，记录自己的发现。

观察重点

1. 观察幼儿的语言表达能力，是否可以用流畅的句子来表达茶叶的外形特征。

2. 指导幼儿泡茶实验，控制变量，并进行观察。

图 1-3-12 茶叶的种类

图 1-3-13 观察不同茶叶的形态特征

图 1-3-14 区分不同种类的茶汤颜色

图 1-3-15 嗅觉区分茶叶的香味不同

3. 观察幼儿绘画能力，能否把自己的想法进行计划和记录。

活动推荐 2 集体活动 "远山牛铃声，远山马铃响"

活动目标

1. 在观察图片的基础上用连贯清楚的语言表述。
2. 了解在茶马古道的艰险和茶对于人们的重要性。

活动准备

1. 前期经验：幼儿有理解图片、创编故事、表述方位的经验。
2. 操作材料：绘本、记录纸、笔、白板。

活动过程

一、谈话导入，了解茶叶的运输和贸易

提问：中国的茶叶产地是在南方，那么茶叶是怎样运送到全世界的呢？

小结：我们现在有快递，有便捷的交通工具。在古代，没有这些东西的时候，我们中国的茶叶也流传到了世界各地，靠着它醇香清苦的特殊味道和保健功效，成了世界流行的饮料。

二、阅读理解，观察画面理解故事内容

1. 分组阅读故事，关注阅读的习惯。一半幼儿从后往前读，一半幼儿从前往后读。

2. 回忆故事情节。幼儿讲述故事，教师即兴记录并贴在白板上。

提问：故事中有谁？要做什么？经历了哪些事？经过了哪些地方？最后遇到了谁？

3. 对比故事情节。

两组故事相同处和不同处在哪里？按照时间线进行梳理比对。

小结：原来这是一个关于茶马古道的故事。两个不同地方的人因为茶结下了友谊，书的一边从高原出发，另一边从云南出发，在书的中间汇合，交换了代表各自部落的礼物。

三、绘制地图

1. 师：听完故事，你知道茶马古道是怎样的一条路吗？请你们小组合作，画一条茶马古道地图，把中间途经的地点和艰险标注出来。

2. 幼儿分组讲述茶马古道的路线图，投票选出最准确、最清楚的茶马古道线路图。

四、延伸

观看视频《茶马古道》，并续编故事。

小结：看了真正的茶马古道，是不是比你想象中的更壮观、更险峻呢？请你发挥想象力，把故事继续编下去。

活动推荐3 亲子活动"探访奶茶店"

活动目标

1. 通过探访奶茶店，发现传统的"茶"和奶茶的异同。

2. 在对话、讨论中提高幼儿对身边事件的发现和思辨能力，感受到茶文化的变迁。

活动建议

1. 幼儿可以和家中多位不同年龄、身份的家长聊聊他们对奶茶的看法。

2. 组织幼儿讨论奶茶的优缺点。

活动过程

1. 通过采访家人喜欢的奶茶品牌，初步了解有哪些奶茶店。

2. 带着问题探访奶茶店，沉浸式品味一杯奶茶，记录喝奶茶的过程（见表1-3-2）。

3. 收集各种奶茶店的菜单，说说奶茶吸引人的地方。

4. 和同伴分享采访的经历，说说对奶茶的感受。

表1-3-2 探访奶茶店记录单

姓名：	探访地点：	日期：
奶茶单		
我点的奶茶		
奶茶的内容（茶底、配料）		
选择原因（功效、口感、包装、社交和宣传广告等）		
星级评价		

主题 2

小宁的衣帽间——衣服的秘密

　　该主题来源于大宁国际的"衣文化"特色课程，是我们经历了"食文化"探索后的实践。我们从"一件衣服的由来"开始，充分利用课程环境及文化资源给予幼儿探究支持。本主题分别选取小、中、大三个年龄段的案例，呈现不同年龄幼儿在过程中生发出的能量和智慧。

项目 1
好看的衣服

小·班

 一、项目缘起

小班的孩子天真可爱，对什么都充满了好奇。这天涵涵穿了一件有亮片独角兽的毛衣来。"哇，真漂亮！我可以摸摸吗？""可以啊，我衣服上的亮片还会变颜色呢！"涵涵自豪地说。小朋友一听她的介绍都围上去看。这个说："老师，我有一件衣服比她的还漂亮！"那个说："我的衣服才好看，上面钉着许多小珠子。"……那究竟怎样的衣服才算是好看的、漂亮的呢？衣服上都有什么呢？由此，我们的项目化学习活动"好看的衣服"便开始了。

 二、项目流程图

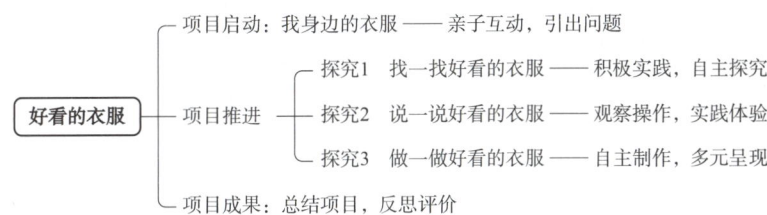

好看的衣服

- 项目启动：我身边的衣服 —— 亲子互动，引出问题
- 项目推进
  - 探究1　找一找好看的衣服 —— 积极实践，自主探究
  - 探究2　说一说好看的衣服 —— 观察操作，实践体验
  - 探究3　做一做好看的衣服 —— 自主制作，多元呈现
- 项目成果：总结项目，反思评价

 三、目标与要求

① 通过亲子信息搜集与交流互动，简单了解上海的传统服饰及上海的服饰文化。

② 在问题发现、材料选择、尝试体验过程中，发现衣服的不同，感知、欣赏衣服的美。

 四、项目启动

1. 环境与资源

① "小宁衣帽间"保留了大班幼儿的项目成果，比如衣服陈列的展板、活动的照片、扎染的布料等，幼儿可以在这里利用各种材料，探究"好看的衣服"的项目式学习活动。在"小宁博物馆"可以用试听器材观看关于衣服的视频和展览，还可以翻阅有关衣服的各种书籍。

鼓励幼儿可以观察、整理自己衣柜里的衣服，看一看、摸一摸不同颜色、材料、款式的衣服，说一说自己最喜欢哪件衣服。

② 推荐各种展览和场馆，如黄道婆纪念馆、迪奥（Dior）成品衣展、服装走秀展，还有相关影片及书本。

2. 观察身边的衣服

① 和爸爸妈妈一起整理家中的衣柜。

② 说说不同衣服的局部特征。

3. 提出驱动性问题

① 明天我们穿什么？

② 什么样的衣服很好看？

③ 怎样选择合适的衣服？

 五、项目推进

探究 1　找一找好看的衣服

1. 观察与实录

片段一：

知道今天我们会进行"衣柜主题探究"活动，希希表现出极大的兴趣。打开衣柜，希希观察上下三层后，告诉了教师每一层放置的衣物有何不同（见图 2-1-1）。我们一起进行服装搭配，她根据衣服上的花纹、颜色、材质及个人喜好进行搭配，搭配了运动风、公主风和"幼儿园"风的三套衣服。

片段二：

教师带孩子们去小宁衣帽间参观，可可问："这是什么？"津津立刻抢着说："这是织布机，纺织博物馆里有。我看到过！"可可又摸了摸哥哥姐姐们做的扎染作品："那这个呢？"津津说："大概是一种布吧。就是有中国特色的那种布。"（见图 2-1-2）

教师告诉他们："这是一种染色后的布，这种染色的方法叫扎染。"很快，他们又看到了一个人台，上面套着的漂亮纱裙。"这个纱裙真好看！"他们叫起来，其他幼儿也争着过来摸。教师问大家："这些衣服好看吗？"有幼儿问："是哥哥姐姐们的吗？"教师回答："是的，而且是他们自己设计，自己制作的。"孩子们说："好看！这些都很好看！"（见图 2-1-3）

片段三：

周末爸爸妈妈带着翰宝来到自然博物馆，想一起参观服装展览，刚到展厅门口翰宝就说："爸爸妈妈，我们进去参观一下吧。"（见图 2-1-4）

参观过程中，看着颇具民族特色的服装，翰宝说："这里的衣服可真漂亮，幼儿园也有一个小宁衣帽间的展览，我在里面也看到了很多美丽的衣服。"过了一会儿，翰宝问爸爸："这些衣服怎么和我们平时穿的不一样啊？"爸爸给翰宝分别介绍了西藏、新疆、内蒙古、黄土高原等不同省市和地区的服装特色。翰宝指着黄土高坡上的衣服说："他们的衣服会在中间系红腰带。"还指着新疆的服饰说："他们的服装有好多不同的帽子啊，第二个帽子和我有一个帽子很像。"

　　在布料展位前，翰宝看到蜡染工艺做出来的布匹，他看着蓝白的图案问："爸爸，这些图案是怎么画上去的啊？"

　　在参观完，离开展区前，翰宝说："我要去幼儿园和我的好朋友分享衣服的知识。"

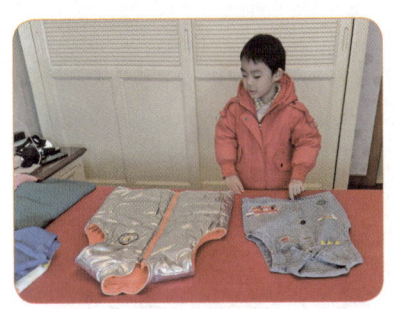

图 2-1-1　希希在家中寻找好看的衣服

图 2-1-2　小宁衣帽间里的扎染布料

图 2-1-3　看哥哥姐姐们制作的衣服

图 2-1-4　翰宝参观服装展览

2. 分析

　　希希能通过观察描述衣物的特征，表达欲强。希希在探究过程中表现出耐心、细心、热爱学习，主动性强，愿意分享和表达，并能根据家长的引导不断修正。

　　津津生活经验比较丰富，对织布机有一定的了解，说明家长在项目启动时或更早已经带孩子了解了一些关于中国纺织文化的知识。津津对中国传统文化也有一定的了解，但还没有深入探究。

翰宝对于身边美丽的服饰充满了好奇和兴趣。在参观服装展览的过程中，翰宝也会联想幼儿园里的"小宁衣帽间"，并且乐于将学校里学习的东西与父母分享。认知经验就在这样的互动中，不断丰富，不断积累。在参观过程中，翰宝能发现不同服饰的特点，清晰表达，并主动向父母提出疑惑，对于不了解的内容充满了探索兴趣。翰宝可以发现不同地区服装的特点，以及民族服装与我们日常服装中的相似点，还会将民族服饰与自己的服饰进行关联。在面对蜡染时，翰宝会想要知道图案的制作工艺，在爸爸的讲解过程中，他始终全神贯注、专心听讲。在博物馆收获到新的知识之后，翰宝也很乐于和好朋友一起分享他的收获和所见所闻。可见，经过一个学期幼儿园的集体生活，翰宝的社交意识和能力都有所提高。

3. 支持与回应

（1）在园内开展各种支持活动

教师在阅读区投放与衣服相关的绘本，如《山猫服饰店》《趣味科学之穿在身上的秘密》《小小服装设计师的一天》。

在幼儿园角色游戏中，引导幼儿整理娃娃家的小衣柜，发现不同衣服的特征。

带幼儿参观小宁衣帽间（见图 2-1-5 和图 2-1-6）。

图 2-1-5　幼儿参观小宁衣帽间　　　　图 2-1-6　小宁衣帽间好看的纽扣

在个别化活动中进行个别探究"衣服拼贴"（详见活动推荐 1）。

（2）推荐家长在园外进行亲子探究活动

鼓励幼儿去园内外寻找好看的衣服，推荐家长带孩子们周末去一次大世界（或者服装店、纺织博物馆等），同时尝试各种方法让幼儿表征自己的发现。

探究 2　说一说好看的衣服

经过一段时间对衣服的探究，孩子们将自己觉得最好看的衣服带到了幼儿园……

1. 观察与实录

　　班级中，幼儿一起分享讨论，并上前各自介绍衣服的特点。伶伶拿着一条粉色的纱裙说："这件衣服上面有爱心和五角星，一共有三排，他们的图案都是一

个隔一个出现的，我觉得非常好看。"（见图2-1-7）

骁骁拿着一件红色的衣服说："这件衣服是红色的，我最喜欢红色了，而且摸上去软软的，毛茸茸的，很舒服，天冷的时候穿上这件衣服，你出去玩就不会觉得冷了。"（见图2-1-8）

琦琦带来了一件连衣裙，她说："这条裙子上面有一条一条的条纹，衣服前面有一个冰激凌图案，我最喜欢吃冰激凌了。衣服后面有一个拉链，我觉得很方便。这里（手指着肩膀）还有两个小洞洞，可以在夏天穿，很漂亮。"（见图2-1-9）

图2-1-7 伶伶介绍粉色纱裙

图2-1-8 骁骁介绍红色的衣服

图2-1-9 琦琦介绍好看的连衣裙

2. 分析

幼儿对不同的衣服产生了兴趣，并尝试用语言、绘画等表达他们的所思所想。他们感受着生活中美丽的事物（衣服），而这是与他们的生活息息相关、客观存在的实物。

伶伶对裙子上的花纹很感兴趣，她发现花纹的形状是爱心和五角星，并且它们的排序是规律的。她对物体的形状和排序有了一定的了解，介绍得很自信。

琦琦介绍了衣服的功能性（有拉链很方便），还很仔细地介绍了衣服上的局部特征（露肩的设计），并且也提到了可以在合适的季节穿这件衣服。

骁骁不仅能发现服饰的外部特征，如颜色、质感，还提及了服饰的季节适应性，对衣服的探究已经有了一定的深度。

3. 支持与回应

教师设计集体教学活动"最好看的衣服"（详见活动推荐2），让幼儿将自己在家发现的最好看的衣服带到幼儿园，大家一起讨论、投票，教师总结经验。

利用幼儿园北长廊"小宁小树林"得天独厚的自然资源（见图 2-1-10），开展个别化学习活动"好看的衣服"（详见活动推荐3）。

探究 3　做一做好看的衣服

经过了观察、讨论，幼儿开始尝试自己做衣服。小班的幼儿会做出怎样好看的衣服呢？事实上，他们的能力远远超过了成人的想象。

图 2-1-10　幼儿在小树林开展个别化学习"好看的衣服"

1. 观察与实录

这天，妈妈和奕奕决定一起做一件好看的衣服。妈妈问："宝宝心里的新衣长啥样呢？"奕奕说："新衣服一定有公主般的斗篷、大大的彩虹、毛绒绒的爱心……"妈妈问："那你知道我们中国人过年要穿什么？"奕奕说："穿像旗袍一样的棉衣！"于是妈妈和奕奕四处收集了辅料，让宝宝天马行空了一回，把斗篷、旗袍元素融合在一起，完成了这件孩子心中的新年新衣（见图 2-1-11 和图 2-1-12）。

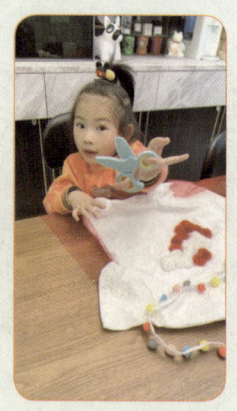

图 2-1-11　奕奕正在制作新衣

图 2-1-12　奕奕制作的新衣成品

2. 分析

我们引导奕奕认识旗袍、了解旗袍，从身边发现我们中华民族的服饰之美，也了解了我们国家历史悠久、丰富多彩的服饰文化。奕奕非常乐意跟妈妈一起互动，亲子融洽，她能帮妈妈剪纸、剪线，但还不能熟练地使用剪刀。她喜欢丰富的色彩，对上色很有兴趣。

3. 支持与回应

奕奕对旗袍非常感兴趣，我们建议后续家长可以搜集一些中国传统服饰的视频让奕奕观看，也可带奕奕去参观博物馆和展览，进一步了解衣服的详细种类、传统文化和设计等。

此外，我们向家长们分享了奕奕的案例，同时也鼓励家长在家中和孩子们尝试共同制作或改造一件新衣服（见图2-1-13）。

同时，我们向家长推荐亲子制作活动——设计衣服，并开展个别化学习活动——粘贴毛线（详见活动推荐4）。

图 2-1-13　幼儿与家长在亲子活动中设计的衣服

 六、项目成果

从游戏与生活中诞生的项目，最终将回归游戏与生活。角色游戏的本质是同化，幼儿正是在象征性活动中不断地练习后，巩固其认知结构的。

1. 观察与实录

今天禾禾在服装店里玩。刚开始，她一个人先整理了一下衣架上面的衣服，然后她拿起一件T恤衫，铺在小桌子上，拿小熨斗烫了起来。这时，彤彤走进来，看看摸摸，选了一件有"彩虹"花纹的衣服，站在镜子前面比一比。禾禾走到彤彤旁边，开始帮她一起拉一拉。试过彩虹衣服以后，她对彤彤说："你看，这个很好看，这件是公主裙。"一边说着，她又把刚才正在烫的"公主裙"给彤彤。彤彤放在前面比了一下，照照镜子，说："公主裙真好看。""我再给你烫一烫吧。"从彤彤手里接过衣服，禾禾拿起一个电吹风，把衣服挂在衣架上，开始烫起来（见图2-1-14）。

 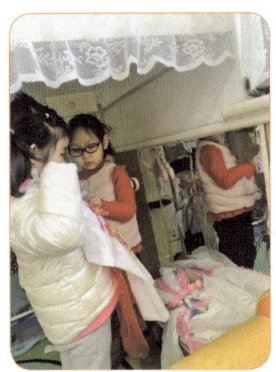

图 2-1-14　"营业员"给"顾客"试衣服

2. 分析

禾禾与彤彤的游戏行为是在模仿真实生活中人们挑选服装的过程。她们的游戏是有语言互动、肢体互动的，而非单一的动作模仿。这代表了幼儿游戏水平的提升，以及对服装店概念的理解。什么是好看的衣服？衣服要平整、色彩要鲜艳……她们对此已有了一定的价值判断。

3. 支持与回应

（1）办服装展，巩固经验，提升自信

恰逢新年之际，年级组结合元旦新年活动，在幼儿园门厅举办了一场服装展（见图2-1-15）。在这里，我们展示了幼儿喜爱的新年衣服与亲子制作的服装。电子画屏上，滚动播放各班幼儿在项目活动中的精彩表现，幼儿来园、离园都能看到这个展览。

图 2-1-15　门厅的服装展

（2）以游戏支持幼儿继续深入学习

经过讨论，有的班级在角色游戏中生成了服装店，而这一个生成的游戏正是幼儿通过项目式学习后所呈现的已有经验。我们能从中评估幼儿在项目中收获了哪些知识、能力和情感，并在此基础上，调整下一阶段的学习目标。

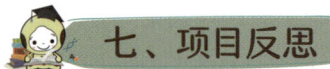

七、项目反思

"好看的衣服"为幼儿提供了融入真实情境的体验，整个学习紧紧围绕幼儿的实际生活开展，提升了幼儿自身整体的素养。项目式学习是一个问题解决的过程，是一个环环相扣递进式的认知过程，幼儿在一步步开展"好看的衣服"的过程中，观察服装，感受色彩，学习的主动性提升了，有了初步的艺术表现与创造力，还试着对自己与他人作出评价。

活动的过程中，不同的幼儿会观察到不同的现象，也会遇到不同的问题，而问题的产生正是培养幼儿解决问题能力的关键。教师要及时把握幼儿的学习状态和问题，创设相应的支持环境，提供相应的材料，供幼儿探索，进一步提出问题、解决问题。

八、项目资源

相关资料

绘本推荐：《山猫服饰店》（明天出版社，作者：[日]木村裕一），《趣味科学之穿在身上的秘密》（北京联合出版公司，作者：台湾牛顿出版公司），《小

小服装设计师的一天》（黑龙江美术出版社，作者：林晓慧）。

教师、家长观察评价表

表2-1-1 教师、家长观察评价表

观察与实录	分析
（可用叙事性的描述，也可加入家长与孩子的真实对话）	（找一两个小点进行分析即可，如孩子关注了衣服的哪些特征？你发现孩子的哪些学习品质？你是如何回应的？后续准备做哪些事让幼儿丰富有关衣服的经验？等等）

活动推荐

活动推荐 1 个别探究 "衣服拼贴"

活动材料

磁性片、磁铁等。

图2-1-16 幼儿在操作材料 "衣服拼贴"

活动玩法

幼儿将衣服各部分拼贴在黑板上（见图2-1-16）。

观察重点

1. 幼儿能否说出衣服各部分的名称（袖子、领子等）。

2. 观察幼儿的空间方位能力。

活动推荐 2 集体活动 "最好看的衣服"

活动目标

1. 愿意说说衣服上好看的特征。

2. 知道好看的衣服由颜色、图案、款式等因素决定。

活动准备

1. 经验准备：有整理衣柜的经验，和爸爸妈妈在家一起挑选一件最好看的衣服。

2. 物质准备：投票贴纸、投票统计背景。

活动过程

一、看一看

师：上次我们和爸爸妈妈在家整理了衣柜，并挑选了一件你觉得最好看的衣服，今天我们就来给大家一起看看你们带来的衣服吧！

关键提问：

1. 介绍一下你带来的衣服（颜色、图案、装饰、功能、款式等）。

2. 这件衣服哪里最好看？

小结：看来小朋友们都对自己带来的衣服很有信心，都觉得自己带来的衣服最好看。

二、说一说

关键提问：听了刚刚小朋友们的分享，哪些是让你们印象最深刻的呢？

（当幼儿说到颜色时）

小结：刚刚有的小朋友说到了衣服的颜色很好看（红色、粉色、蓝色、彩色等）。

（当幼儿说到图案或装饰时）

小结：刚刚有小朋友介绍了衣服上漂亮的图案，以及闪闪的珠珠，这是衣服上好看的装饰。

（当幼儿说到连帽衫、有口袋的衣服时）

小结：有帽子、有口袋的衣服能让我们更保暖也更方便，你喜欢衣服上的功能吗？

（当幼儿说到背带裤、旗袍、少数民族服装时）

小结：你喜欢这些特殊的款式，觉得这些款式很好看。

三、选一选

师：现在我们来选一选，你觉得最好看的衣服。

幼儿用投票贴纸，贴到自己最喜欢的衣服下方（不能选自己带来的那件），选出票数比较高的几件衣服。

关键提问：

1. 这几件衣服得到的票数比较高，让我们看看是哪几名小朋友选的？

2. 你们为什么觉得这件衣服最好看呢？你喜欢它的哪个部分？

小结：刚刚得票最高的这几件衣服，有的颜色很漂亮，有的装饰很漂亮，还有的款式很特别，都受到了大家的喜爱。

四、延伸活动

师：你们觉得这些好看的衣服现在穿合适吗？

小结：原来我们穿衣服不仅仅要挑选好看的，还要根据场合、季节穿合适的。

活动推荐 3　个别探究"好看的衣服"

活动材料

各种造型镂空衣服 KT 板、小宁小树林环境。

活动玩法

幼儿拿着不同造型的衣服镂空模板，放到小树林的自然背景中，感知大自然在不同造型的衣服上的配色。

观察重点

1. 观察幼儿如何用大自然的色彩给衣服配色。
2. 观察幼儿的语言表达，请幼儿介绍自己的设计想法。

活动推荐 4　个别探究"粘贴毛线"

活动材料

毛线、花朵装饰带、彩色纸条、剪刀、底板（将即时贴用双面胶贴在底板上）。

活动玩法

幼儿自主选择材料装饰衣服（见图 2-1-17）。

观察重点

1. 幼儿的手部精细动作，如何撕纸、如何使用剪刀。
2. 幼儿在装饰衣服的过程中，能否有意识地为衣服加上一些特征（如使用纸条代表拉链）。

图 2-1-17　"粘贴毛线"幼儿的作品与材料

项目 2
小小纽扣博物馆

中班

　　纽扣在我们的生活中无处不在，幼儿也经常能接触到。在一次"小小演说家"的活动中，艺艺分享了探访西塘纽扣博物馆的经历。跟着艺艺的分享，孩子们不仅了解贝壳纽扣的制作过程，还见识到各种各样的纽扣。有的纽扣是利用大自然的原材料制作而成，如海螺纽扣、珊瑚纽扣……通过这次活动，越来越多的孩子们开始对纽扣产生兴趣。

　　博物馆是孩子们熟悉的场所，在他们日常谈话中，经常会听到孩子们谈论"周末我和妈妈去了天文博物馆，里面有很多和太空有关的东西""我也去过自然博物馆，里面能看动物的电影"。看得出，孩子们有不少和博物馆有关的经验。此外，幼儿园为了给予幼儿开展项目式学习活动丰富的课程资源，专门打造了"小宁博物馆"，以满足幼儿自主学习及探究的需求。于是孩子们提出了一个大胆的设想：我们在幼儿园可以开一家小小纽扣博物馆吗？在问题驱动下，"小小纽扣博物馆"项目化学习活动开启了……

二、项目流程图

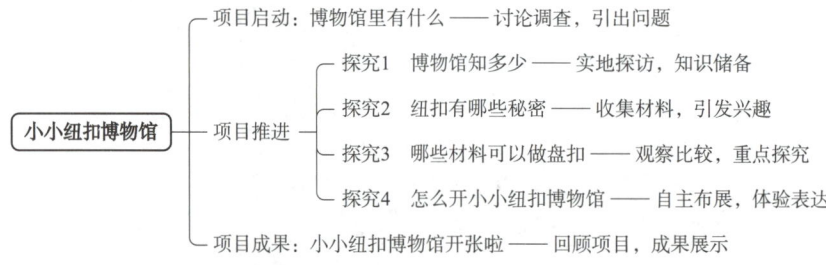

　　项目启动：博物馆里有什么 —— 讨论调查，引出问题
小小纽扣博物馆　　项目推进　探究1　博物馆知多少 —— 实地探访，知识储备
　　　　　　　　　　　　　　探究2　纽扣有哪些秘密 —— 收集材料，引发兴趣
　　　　　　　　　　　　　　探究3　哪些材料可以做盘扣 —— 观察比较，重点探究
　　　　　　　　　　　　　　探究4　怎么开小小纽扣博物馆 —— 自主布展，体验表达
　　项目成果：小小纽扣博物馆开张啦 —— 回顾项目，成果展示

三、目标与要求

① 通过参观城市里的博物馆，引发对博物馆的浓厚兴趣。

② 通过观察比较、信息采集，了解中国不同风格、不同民族服饰纽扣的差异，感受

中国的纽扣文化与服饰文化。

③ 在开展小小纽扣博物馆活动中，能发现问题、分享交流、制订计划、分工合作、展示成果等，形成初步的探究能力。

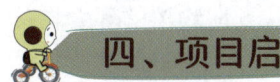

1. 环境与资源

① 鼓励幼儿带着问题"博物馆里有什么"探秘"小宁博物馆""小宁衣帽间"。

② 根据幼儿的兴趣点"纽扣"出发，推荐相关绘本，如《外婆的纽扣宝盒》《人类的衣服》等。

2. 开展亲子活动

① 可进行参观博物馆的亲子活动，推荐上海自然博物馆、上海玻璃博物馆、上海天文博物馆、西塘中国纽扣博物馆、古旧服装小店等。

② 收集参观博物馆小调查（博物馆环境与布局、参观路线、相关图文介绍等）。

3. 提出驱动性问题

① 博物馆里有什么？

② 我们能开一个小小纽扣博物馆吗？

探究 1　博物馆知多少

1. 观察与实录

围绕"博物馆知多少"，班级开展了一次分享会和小讨论。

教师："我知道爸爸妈妈带你们去参观了博物馆，那博物馆里有什么？今天一起来分享你们的发现吧。"

阳阳："周末我和妈妈去了天文博物馆，里面有很多有趣的东西，有很大的虚拟屏幕，就像真的在太空一样。"

恩泽："我也去了自然博物馆，里面不仅能看到动物的标本，还能看动物的电影。"

乐乐："我去了上海博物馆，我们去的时候可以向工作人员借一个机器，只要扫一扫展品上的二维码就能帮我们讲解了。"

枫枫："我去了玻璃博物馆，里面很大，门口会有一个电子导览图，一看我就能很快找到我喜欢看的玻璃品在哪里。"

2. 分析

通过这次的分享会和小讨论，我们看到了各种各样的博物馆，孩子们还交流了自己在博物馆里的一些发现和经历。由于这次活动来源于孩子们的兴趣热点，我们发现很多孩子在探访博物馆中看到的东西、最感兴趣的东西都不同，有的孩子关注到博物馆的环境与布局，有的关注到导览图以及相关图文介绍，有的关注到博物馆的展品……孩子们都从各自的角度介绍所看到的博物馆，并且与同伴一起分享。同时孩子们在爸爸妈妈的协助下，能用不同的方式记录自己的发现。中班幼儿能在成人的帮助下能制订简单的调查计划并执行，用数字、图画、图表或其他符号收集并记录信息。因此，通过这个分享会，让孩子们和小伙伴再次重温了博物馆呈现展品的形式、空间布局、人员分工等，为之后开"小小纽扣博物馆"的活动做好铺垫。

3. 支持与回应

我们将更多的自主权交给孩子，鼓励孩子带着问题去寻找、发现、质疑和追问，以形成连续的、递进的、整体的学习过程。给幼儿"支持"的环境，延伸活动空间，让孩子"走出去"。 通过这样的亲子活动可以让家长一起参与到探究活动中，鼓励家园互动，有助于形成幼儿园、家庭和社区共育的大环境，建立合作、和谐、一致、互补的关系。不仅让孩子能"走出去"，同时也创设"走进来"的园内课程环境。

（1）亲子活动互动打卡

我们鼓励幼儿在 APP 上打卡，分享参观博物馆的收获（博物馆环境与布局、参观路线、相关图文介绍等），并采访博物馆工作人员：了解博物馆的环境与布局、人员分工、区域划分等），具体如表 2-2-1 所示：

表 2-2-1　博物馆调查表

博物馆名称：	记录人：
问题记录（请记录孩子的回答，也可以用图文表示）	
1. 博物馆里有哪些区域？	
2. 博物馆里有什么展品？	
3. 如何陈列展品？	
4. 博物馆哪些活动让你留下深刻印象？	
5. 博物馆里的人员是如何分工的？	
6. 如何让小观众了解我们的博物馆？	

（2）参观园内博物馆

通过参观园内（见图 2-2-1 和图 2-2-2）园外的博物馆，鼓励幼儿观察博物馆的环境与布局，并设计导览图。

图 2-2-1　小宁博物馆 1

图 2-2-2　小宁博物馆 2

探究 2　纽扣有哪些秘密

云参观博物馆后，孩子们对小小纽扣博物馆的展品有了更多的探究兴趣，于是在周末，孩子们开展了一系列对不同种类的纽扣的收集与调查。

1. 观察与实录

孩子们带来了很多中国风的衣服，开始介绍。

一一："我的这件是旗袍，上面的纽扣是红色的，是用布做的。"

悦悦："我的这件衣服是用蓝印花布做的，上面的纽扣是红色的，妈妈跟我说这是盘扣。"

一旁的念念听到了连忙说："我带来的衣服上也有盘扣的，你们看是这样的。"

嘉嘉："什么是盘扣呀？"

教师："你们知道什么是盘扣吗？"

静静："盘扣就是以前的衣服上的纽扣。"

辉辉："对的，而且盘扣都是卷卷的样子的。"

嘉嘉似懂非懂地点了点头。

教师："这样吧，今天回家大家就可以和爸爸妈妈一起去查一查资料。"

2. 分析

通过田野调查，孩子们对纽扣有了初步的认识，知道了纽扣有不同的颜色、大小、材质等。所以在今天的分享中，幼儿都能有话可说。

中班幼儿已经能够通过观察比较，发现事物的相同与不同之处；通过观察，他们发现不同的衣服上有不同的纽扣，进而对盘扣产生进一步兴趣。

此外，有的孩子也能大胆提出问题，并通过生生互动的方式得到解决。在交流分享中，看得出孩子对事物观察比较后的梳理总结，在语言表达能力上有了很大的提高。

3. 支持与回应

（1）发现兴趣点，助推学习

随着项目式活动的开展以及云探访纽扣博物馆，孩子们对纽扣有一定的了解。在孩子们的经验里，纽扣就是衣服的装饰，制作纽扣的材料也是局限在平时常见的材料。这次，教师把问题先抛给孩子们，先看看孩子们的答案是什么。从同伴这里得到了初步的答案后，教师鼓励幼儿回家收集信息。可以从以下方面引导幼儿观察：纽扣的形状（圆、方、三角……），扣纽扣的不同方式（按扣……），纽扣的材质（金属、塑料、布艺、牛角……），传统服饰上的纽扣（盘扣……），纽扣的作用（装饰、固定……）。

（2）开展多途径活动，鼓励孩子学习

孩子们对于传统服饰以及服饰上的纽扣有了一定的了解，而盘扣可以说是绽放在旗袍上一个传统符号。孩子们对它和一些特殊的纽扣很有兴趣，所以基于项目的核心经验，我们通过多种途径（集体活动、个别化、小组探究）鼓励孩子进行探究学习（详见活动推荐1、活动推荐2）。

探究3　哪些材料可以做盘扣

在收集各种纽扣的信息后，孩子们对富有中国元素的纽扣——盘扣很感兴趣，在探究活动中，搜集了不同的材料尝试制作。

1. 观察与实录

在一次个别化学习活动中，孩子们从教室里搜罗了各种不同的材料：扭扭棒、硬板纸、毛毛球、毛线、麻绳、软陶……孩子们开始跃跃欲试。

扭扭棒 VS 麻绳

这一天，丁丁和蓝蓝分别用了扭扭棒和麻绳来制作盘扣上的盘花花纹，只见丁丁将扭扭棒一圈圈绕起来，形成一个圆盘，再将另一根扭扭棒对折，把两头拧紧，一对漂亮的一字扣盘扣就做好了。蓝蓝则用麻绳不停地绕，并用白胶固定，但发现，一会就散开了（见图2-2-3和图2-2-4）。

软陶泥 VS 纸板

辰辰将软陶分成两块，放在手心搓圆、压扁，然后用画笔在上面小心地刻着花纹。随后，他又搓了一根短短的条状泥，把两块圆圆的软陶连接在了一起，一副"汤圆盘扣"就做好了。诺诺在纸板上画了两个小三角，用同样的方式做成了一副"小桥盘扣"（见图2-2-5）。

图 2-2-3　纸板做盘花

图 2-2-4　扭扭棒做盘花

图 2-2-5　软陶上刻花纹

2. 分析

中班幼儿的思维由直觉行动性思维发展为具体形象思维，即他们可以凭借事物的具体形象或表象的联想来进行思维。具体形象性的特点不仅反映在中班幼儿的思维活动中，也反映在其记忆、注意等各种认识活动中，还表现在儿童的语言活动中。结合中班幼儿的思维特点，我们更需要给予幼儿充分计划、实践、对比、反思及调整的空间和时间，在了解"盘扣"基本特征的同时，对制作盘扣的材料有更深入的思考。

在孩子们的操作中，我们发现：有的是用相同或者相似的材料做不同的盘扣，有的是用不同的材料做成了相似的盘扣。其中，孩子们对材料的选择、使用材料的方式、对盘扣造型的关注等都可以成为他们进一步探究和关注的话题，也可以成为助推他们进一步发现问题、寻找解决路径的关键点。

3. 支持与回应

（1）鼓励孩子尝试自主探究

孩子们发现盘扣花式种类良多，如有模仿动植物的菊花盘扣、梅花扣、金鱼扣，盘结成文字的吉字扣、寿字扣、囍字扣，也有几何图形的，如一字扣、波形扣、三角形扣等。孩子们搜集了扭扭棒、麻绳、吸管、毛毛球、软陶等不同材料，尝试用多种不同的材料制作盘扣，了解盘扣的特征，感受盘扣的美。在了解"盘扣"基本特征的同时，对制作盘扣的材料有了更深入的思考。

（2）适时介入，帮助孩子回顾思考

孩子们自主设计盘扣得到了教师的鼓励和支持。有了博物馆的"主角"之一，是不是只要有它就够了呢？我们的小小纽扣博物馆还需要什么呢？还要做哪些准备呢？怎么开小小纽扣博物馆呢？教师鼓励孩子继续思考，并进行小组探究。

探究 4　怎么开小小纽扣博物馆

孩子们通过分组讨论收集材料，在为小小纽扣博物馆开张前做最后的筹备工作。

1. 观察与实录

> 孩子们在参与了一系列关于博物馆和纽扣的探究后，他们的热情和兴趣越来越高，孩子们随即提出了一个想法：在教室里也开一家"小小纽扣博物馆"吧。就这样，他们行动了起来……
>
> 满满："我们可以找很多纽扣，展示给大家看。"
>
> 多多："我和妈妈做了一幅纽扣画，也可以拿来展览。"
>
> 小猴："我们可以找一些书放在门口，再放一些和纽扣有关的电影给大家看。"
>
> 妞妞："我们还可以用一些建构材料做展示架，可以有现场展示表演。"
>
> 孩子们开始了热烈的讨论。

2. 分析

孩子们有参观各种博物馆的经验，因此，他们在设计属于自己的博物馆的时候，会将博物馆中的一些因素考虑进去，选出自己最感兴趣的内容，放入自己班级的"小小纽扣博物馆"中。而幼儿之前开展项目式学习活动的经验，也让他们能够比较顺畅地讨论、分组，并做计划，决定了博物馆分成哪些区域，让博物馆的建设有了一个大致的框架。

在确定了区域之后，不同区域中开展的活动、需要的材料这些准备工作，也是孩子们需要商量和讨论的事情（详见活动推荐3）。

3. 支持与回应

（1）问题出发，量身定制

在创设博物馆的设计过程中，我们发现孩子们对博物馆的设计经验和兴趣点是分散的，这对最后的开展形式也有了一些阻碍。能不能找到孩子们共同的兴趣点？我们选择了班级投票前十名的博物馆设计图，请孩子们选出"最想参观的博物馆"。很快孩子们决定从顾客角度出发，设计能满足小顾客兴趣的纽扣博物馆。

（2）自主决定，主动生成

孩子们已经将"小小纽扣博物馆"需要的一切准备都基本确定好了，接下来就可以直接"开张"了。在之后的活动中，教师应继续了解孩子们还需要补充什么、改变什么，做好适时的补给和调整工作。

六、项目成果

小小纽扣博物馆开张啦

建设班级博物馆意味着要有计划性地更新博物馆的展品或主题，呈现一些有价值的事物供大家观察、操作和欣赏，这也是孩子们探究的方向和目标。经过一段时间的筹备布展，属于孩子们的小小纽扣博物馆终于开张啦！快来一起看看吧。

1. 观察与实录

　　思思是博物馆的解说员："你们在参观的过程中可以闻一闻、摸一摸，来感受我们这里不同的纽扣展品。"真真递给佳佳一支录音笔："你可以拿着笔点一下盘扣，听一听盘扣的历史、了解纽扣文化。"（见图 2-2-6）

　　小小工作员宁宁领着同伴到了博物馆的互动区，并说："人们利用丰富的大自然的原料海螺壳、蚌壳、珊瑚、木块、核桃等制作纽扣，大自然就是一个神奇的宝藏。你们也可以动手做一颗纽扣，作为纪念品带回家哦。"（见图 2-2-7）

图 2-2-6　工作人员介绍展品

图 2-2-7　纽扣博物馆互动区

2. 分析

　　孩子们在各自任务的引领下，学习探究的主动性被激发了出来。有的孩子用纸笔画出博物馆的导览图，有的孩子使用录音笔录制对博物馆展品的介绍。参观的孩子用 iPad 记录参观过程中的新发现，把有趣的纽扣拍摄下来。

　　这次博物馆开张的活动实践中，幼儿通过布置博物馆、参观博物馆以及观看纪录片，逐渐意识到纽扣作品的多样化呈现方式。孩子们非常喜欢游戏形式的探究活动，反响热烈，也反映出贴近生活和富有挑战性的探究学习能促进孩子更多的知识迁移和应用。

3. 支持与回应

　　小小纽扣博物馆开展得非常成功，孩子们将日常生活经验迁移到项目式学习活动中。

　　（1）放手给孩子，让孩子成为活动的主人

　　从环境布置到陈列展品，每个孩子都是布展人和参展人，孩子们在介绍展品时大胆自信，主动招揽小游客参观博物馆。博物馆的工作人员分工明确，各司其职。活动还吸引了其他班级的关注，孩子们说，可以制作邀请函让幼儿园的小朋友们都来参观纽扣博物馆。

（2）回归原点，追随幼儿的发展

孩子天生就是主动学习者，每个孩子都是不同的，有自己独特的学习风格。博物馆每一处的呈现都隐藏着孩子们的观察、探索和发现。作为教师要敏锐地捕捉到不同孩子的需求，让孩子的自主行为看得见、教师的支持行为"看不见"，教师要学习做一位隐性支持者，激发孩子的探究热情，让孩子成为真正的主动学习者。

七、项目反思

这次的探究之旅虽然已告一段落，但和孩子们一起从实地探访到收集展品再到策展、布展的过程中，教师观察发现孩子的兴趣需要，倾听孩子的谈话和问题，同时看到了孩子们的多种学习方式，如同伴之间一起分工合作、解决问题，以及在活动开展中的多元表达。与孩子一起探究的过程，也给了我们新的思考。

1. 提供开放的空间和多样化的资源

当孩子置身于真实情境中进行主动学习探究，会让游戏和学习生成出更多的可能，教师应追随孩子的兴趣，按需切换活动形式。从高结构活动到低结构活动，从室内到户外，活动的形式与地点都随着孩子的经验和需求自然转换，项目式学习的时间与空间也在按需切换。

2. 拓展形式，满足孩子更多元的表达

孩子们很喜欢博物馆的形式，如何激发孩子对开博物馆的持续热情引发了教师的思考。于是，教师结合热门话题"冬奥会冰墩墩"，引发了孩子们更多的想法：博物馆是不是可以增加文创用品售卖部；能不能设计属于自己的博物馆LOGO；能不能增加影音娱乐区，吸引更多的人来参观……同时，我们也在思考，其他的探究项目是不是也可以用这样的呈现方式，鼓励孩子们走出班级，面向幼儿园，甚至面向社区，让孩子们获得更多的自信心。因此，在空间、形式的拓展背后，需要教师对项目式学习活动的设计进行整体思考，让孩子拥有更多的活动自主权。

八、项目资源

> 🤖 **相关资料**
>
> 1. 绘本推荐：《外婆的纽扣宝盒》（新蕾出版社，作者：［美］罗莎·桑托斯等），《人类的衣服》（北京联合出版公司，作者：［法］若埃尔·若利韦）。
> 2. 视频推荐：纪录片《百年历史纽扣展》和《探索纽扣之旅》。

📖 **活动评价表**

表 2-2-2 "纽扣的秘密"教师、家长观察评价表

内容与要求	观察要点	水平表现一	水平表现三	水平表现五
感知纽扣的不同特征，发现纽扣的不同作用（项目本身）	知道纽扣有不同的材质、大小、颜色、形状、孔眼、安扣的方法	在收集不同的纽扣的过程中，发现不同大小、颜色、形状的纽扣	通过田野调查和仔细观察，感受不同材质的纽扣，发现纽扣有不同数量的孔眼	了解安扣的不同方法，尝试用一些简单的方法安扣
	知道纽扣有连接、固定、装饰等不同作用	知道纽扣是用来连接衣服的门襟，有固定的作用	乐于发现不同风格的纽扣，感受纽扣的美感	尝试用不同的方法将纽扣进行固定、连接，了解纽扣的实用和点缀功能
了解不同风格服饰纽扣的特色，感受纽扣文化与服饰文化（多元文化）	了解中西方服饰中纽扣文化的差异	对不同风格服饰的纽扣感兴趣，感受纽扣文化	知道中式纽扣和西方纽扣不同的外形特征和特色	了解中西方纽扣不同的发展历程（中：系带—纽扣；西：金属别针—纽扣）
通过观察比较、信息采集、分工合作、表达表现等，形成初步的探究能力（幼儿发展）	知道中国传统服饰的纽扣特点	知道盘扣是中国传统服饰的纽扣代表	初步了解中国各朝代纽扣的发展变化	初步了解我国不同民族的服饰特点以及纽扣文化
	在观察和探索的基础上，尝试对纽扣进行简单的分类、概括	能对纽扣进行观察、比较，发现其相同和不同	能仔细观察各类纽扣，根据纽扣的颜色、大小、形状、孔眼和安扣的方法分类	在纽扣分类后，能够根据其某一特征，进行设计、搭配和运用

🏉 **活动推荐**

活动推荐 1 个别探究"金属纽扣的秘密"

活动目标

通过个别化学习了解金属纽扣的特征，尝试在实验中猜测、观察金属纽扣生

锈的原因，并记录金属纽扣的生锈变化。

活动材料

金属纽扣、手电筒、毛巾、暖宝宝、装满水的瓶子、密封袋、扭扭棒。

活动玩法

1. 将纽扣按照材料分类：金属纽扣和非金属纽扣。观察记录金属纽扣的特征。

2. 猜测金属纽扣生锈的原因，尝试通过设计小实验的方法验证自己的猜测。

（1）将金属纽扣分成3组。

第1组：将纽扣包在密封的箱子，里面有毛巾和暖宝宝，并用手电筒照射（见图2-2-8）。

第2组：将纽扣放进装满水的2号瓶子（见图2-2-9）。

第3组：将纽扣分别放进装满黑醋（见图2-2-10）和白醋的小盒中。

图2-2-8 用毛巾包裹的金属纽扣

图2-2-9 纽扣放进装满水的瓶子

图2-2-10 纽扣放进装满黑醋的瓶子

（2）预设猜想。

猜一猜，这3组金属纽扣在3～4周后会发生什么变化呢？把猜想记录下来。

（3）观察比较。

教师：3～4周后观察一下，3组纽扣的样子都一样吗？哪里不一样？别忘了，把观察的结果和事先的猜想比较一下，你想的和你看到的一样吗？

观察重点

1. 观察幼儿对金属纽扣特征的了解程度。

2. 观察幼儿对实验中金属纽扣变化的观察能力。

活动推荐2 集体活动"盘花"

活动目标

1. 尝试用不同的材料制作盘花，在操作、分享的过程中，提升反思调整的能力。

2. 在探究过程中，感受中国传统盘花的美。

活动准备

1. 工具：剪刀、玻璃胶、白胶。
2. 材料：绳、麻绳、丝线、扭扭棒、橡皮泥。

活动过程

一、欣赏盘扣——回顾经验

提问1：听说大家最近对盘扣很感兴趣，什么是盘扣？

小结：它是我们传统服饰中的一种纽扣，作用是固定衣襟。

提问2：盘扣是什么样子的？

小结：盘扣的花样叫作盘花，盘花的种类很多，有的模仿动物，有的模仿植物，还有各种几何图形的，这些在传统服饰中代表吉祥的寓意。

二、选择材料——实施计划

1. 造型：分享设计图，介绍盘花造型。

提问：说说设计的盘花造型。

2. 材料：交流对材料的认识。

提问：你想用哪一种材料来制作呢？说说你的理由。

3. 投票：选择材料。

小结：看了材料超市的材料，也听了大家说这么多，最后你决定用哪种材料制作？请你来选择，并粘上黏纸。

4. 制作盘花。

幼儿带上计划书，拿取材料，实践操作，制作盘花。

三、分享交流——反思调整

1. 交流分享。

提问1：认为自己选择的材料合适的，来说说你的想法？

提问2：觉得在这个过程中碰到问题的，来说一说。

提问3：你是如何解决、调整的？

小结：

材料特征：易固定、易造型、颜色鲜艳……

造型方法：绕一绕、折一折、打结……

2. 再次投票。

小结：今天看到了大家很努力地完成自己设计的盘花，有的完成得比较顺利，有的遇到了问题，重新进行了调整。大家回去可以继续探究，完成制作。

活动推荐 3 小组探究"博物馆里的小主人"

活动目标

通过分组探究，初步确定纽扣博物馆的人员分工，尝试互动合作。

活动材料

各种纽扣实物、纽扣照片、特色服饰、iPad、书籍、纸砖、仿真花、表演道具等。

活动玩法

1. 幼儿通过分组讨论出每组的活动区域以及每个组员的工作。

2. 幼儿尝试自主布置展区、展品，安排互动内容。

观察重点

1. 观察幼儿在活动中的分工情况。

2. 观察幼儿呈现展品的多种形式。

3. 观察幼儿在互动中的表达和表现能力。

項目3
小小设计师——
漂亮的洋裙

大班

一、项目缘起

我们班之前已经开展过"食文化"项目化学习活动，因此孩子们对小组合作和自主议事的学习方式已经驾轻就熟。本学期，我们进入"衣文化"主题学习，孩子们从一开始就展现出了浓厚的兴趣。恰逢在项目开展时，上海西岸美术馆正举办迪奥（Dior）百年服装展。我们将观展作为项目的入项活动，"小设计师们"在展览中吸收了丰富的经验，例如服装制作的步骤、不同类型服装的造型特点、服饰的造型变迁等。孩子们把激发灵感的作品拍了下来，并通过网络资料搜索、图书阅读等方式积累了更多素材，为项目的开展做足了准备工作。我们的"小小设计师"项目——漂亮的洋裙就此揭开序幕。

孩子们缘于不同的兴趣进行了分组，有的想设计运动服，有的想设计传统服饰，还有的想设计洋裙，大家的兴趣高涨，问题一个接着一个提出，一个接着一个地寻找答案。我们共同经历了服装的设计、服装材料的选择、服装制作和装饰等重要环节。通过层层深入探究，孩子们对服装中蕴含的文化信息有了感知，同时对服装制作的严谨细致有了切身体会，在过程中他们展现出的积极思考、主动探索以及让人惊讶的创意和动手能力让我们觉得这个项目价值颇大。

我们记录了其中制作洋裙的小组的探究过程，以此洞察在项目化学习活动中幼儿的成长与发现。

二、项目流程图

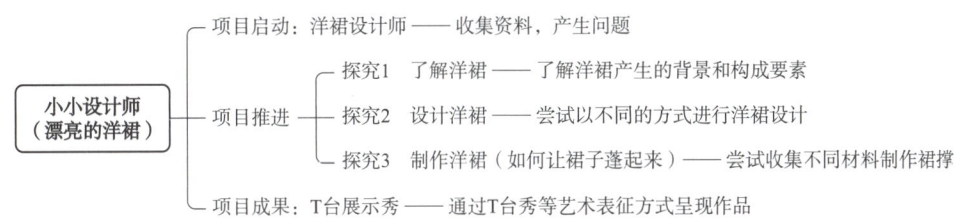

项目启动：洋裙设计师 —— 收集资料，产生问题

小小设计师（漂亮的洋裙）

项目推进
- 探究1　了解洋裙 —— 了解洋裙产生的背景和构成要素
- 探究2　设计洋裙 —— 尝试以不同的方式进行洋裙设计
- 探究3　制作洋裙（如何让裙子蓬起来）—— 尝试收集不同材料制作裙撑

项目成果：T台展示秀 —— 通过T台秀等艺术表征方式呈现作品

三、目标与要求

① 观察、比较衣服的不同，积累服装设计的相关经验。

② 体验不一样的服饰文化，了解中西方、各民族服饰文化的差异。

③ 通过思考、计划、合作、反思等方式主动学习和持续探究，提升审美情趣和创造能力。

四、项目启动

1. 环境与资源

① 根据幼儿对不同服装的兴趣，我们在区角补充了中国民间传统服饰区、西方特色服装区、"衣文化"展览区等，让幼儿在探索之余，感受中西方文化的碰撞。

② 我们在班级投放衣文化相关绘本（见图2-3-1到图2-3-3），收集了大量的服装图片以及与服装相关的小游戏等，利用互动桌、平板电脑等交互设备与幼儿进行有效互动。同时，利用电子设备播放收集的相关视频素材。

图2-3-1 绘本《人类的衣服》　　　图2-3-2 绘本《人类的礼服》　　　图2-3-3 幼儿在"小宁博物馆"查阅绘本

2. 田野调查

通过社会资源使幼儿积累关于活动的前期经验和素材，如亲子参观"Dior百年服装展"（详见活动推荐1）、"感恩思源、探寻扎染技艺"黄道婆纪念馆亲子活动等。

3. 提出驱动性问题

① 洋裙有什么特点？（幼儿通过绘本阅读、参观活动、集体教学等形式收集资料、发现特点）

② 如何做一条合适的洋裙？（每次活动后幼儿通过多元表达分享自己的发现、问题和解决途径）

五、项目推进

探究 1　了解洋裙

1. 观察与实录

> "洋裙到底长什么样子呢？"带着问题，洋裙小组的孩子们在"小宁衣帽间"里进行资料查阅、小组探讨……
>
> 洋裙小组在成组后就开始了热烈的讨论：
>
> 菁如："洋裙长什么样子呢？"
>
> 恬恬："我在博物馆里见过，这种裙子都是以前的贵族才能穿的。"
>
> 拾月："什么是贵族啊？"
>
> 恬恬："贵族就是从前很有钱的人呀。"
>
> 琪琪："而且是外国的有钱人穿的。"
>
> 琪琪指着绘本《人类的衣服》对大家说："这种裙子，上身是紧紧的，下面的裙子是大大的，像一把打开的伞。"
>
> 拾月："裙子上面有很多的花边。"
>
> 恬恬："好，那我们画一条裙子，然后把需要的东西画下来吧（见图2-3-4）。"

图 2-3-4　幼儿的自制计划书

2. 分析

从孩子们的谈话中，教师发现，他们在项目开展前已做好了充分的准备：参观博物馆、向爸爸妈妈了解有关洋裙的历史和文化。有了前期调查的经验，孩子们便能在小组中充分地表达自己的观点，挖掘服装背后的文化价值。教师提供给孩子们交流分享的平台，通过集体分享孩子们向大家介绍自己的小队、发现的洋裙的"秘密"，以及计划书中所表达的意思，为之后的探究作好准备。根据他们选择的服饰类型，教师有针对性地提供支持，如讲解相关绘本，与孩子们讨论此类服饰产生的历史背景和构成要素等。

3. 支持与回应

通过参观幼儿园"小宁衣帽间"的衣文化展资源可以更好地让幼儿近距离认识服装，拓宽视野。看一看、摸一摸，能让孩子们了解洋裙的特点，贴近幼儿创作作品（见图2-3-5）。看展过程中，我们需要注意的是：

首先，要带着问题看展览——看展前，帮助每

图 2-3-5　幼儿参观"小宁衣文化展"

组幼儿梳理不同的提问内容，这样幼儿带着探索欲和求知欲去看展览，会起到意想不到的效果。

其次，重视参观后的输出——看完展览后，需要引导幼儿进行观展后的输出，加深记忆，真正接受艺术与文化的熏陶。输出的方法包括：分享你找到的洋裙；说说洋裙的特点；分别用了哪些装饰品美化服装。

同时，我们借助展品，开展了一次集体教学"该选哪一件"。幼儿通过充分表达，能够了解不同服装的不同特点（详见活动推荐2）。

探究2　设计洋裙

基于初步了解洋裙外部特征后，孩子们在"小宁衣帽间"活动室开始了自己的探究和设计……

1. 观察与实录

　　孩子们开始寻找制作材料，一边小手在纱布上比画着，一边参照着绘本设计图稿……

　　拾月："洋裙和我们平时穿的裙子不一样，感觉洋裙的裙子要大点。"

　　恬恬："我看到的洋裙像婚纱一样，有长长的裙摆。"

　　拾月："嗯嗯，对的，长长的裙摆跳起舞来会很好看。"

　　孩子们纷纷设计出了他们心目中漂亮的洋裙。

　　菁如："你们来看，我给小人扎了一条蓝色的洋裙，裙子会蓬起来。"

　　恬恬："这是我画的洋裙，还给它配上了高跟鞋（见图2-3-6）。"

图2-3-6　幼儿的第一份设计图稿

2. 分析

孩子们能将平时生活中的一些经验和感受带到活动实践中来，用不同的工具、材料设计洋裙。过程中体现了服装的特性，在设计款式上展现了创新能力，可见大班的幼儿能够对事物外形特征详细观察，充分了解事物的属性，并能够自主选择不同的材料和方式进行创作。

3. 支持与回应

（1）丰富材料，多元选择

在项目开展的过程中，我们一直强调提供丰富的材料，给予幼儿自由选择的机会。比如，教师可以适时增添一些花边、时尚扣子等多元化的材料，或者提供一些大师设计的洋裙手稿来激发幼儿的设计灵感，释放潜在的创作艺术细胞。

（2）同伴分享，交流经验

教师提供同伴分享的机会，让幼儿在交流中有所获得。例如：我们现在穿的洋裙是什么款式的呢？（交流分享出更多元化的洋裙）洋裙需要配饰吗？怎样让它变得更漂亮？

（3）创设探究环境，帮助获得经验

利用"小宁衣帽间"的环境进行有效的小组探究。比如：用绘画的方式进行服装设计；利用各种材料，如布、皱纸、彩球等在小人台上进行服装设计（见图2-3-7）；利用互动桌进行服装的设计（见图2-3-8）；在平板电脑上进行卡通换装游戏，并将作品保存打印，进行添画，将服装设计完整。

图2-3-7　幼儿在小人台上进行服装设计　　　　图2-3-8　利用互动桌进行服装设计

此外，我们在班级开展"服装设计大比拼"分享活动，以洋裙为例，每位"设计师"从服装的设计款式、特点等方面介绍自己的作品，通过投票互评的方式让孩子们选出最受欢迎的洋裙，作为"洋裙小组"共同制作的服装。

探究 3　制作洋裙

经过设计、讨论、修改设计图，"洋裙小组"最终确定了服装的款式，他们马上行动起来寻找材料进行洋裙制作。

1. 观察与实录

拾月："你们看，我找到了一种可以制作裙撑的新材料！这是我和妈妈在快递盒里找到的一种防撞充气泡泡纸。"

琪琪："哇！鼓鼓的，很适合做裙撑啊。"

悦悦："感觉比纸球更"蓬"呢。"

拾月："是呀，我也这么觉得，所以我把家里的材料都带过来了，我们可以试一试。"

于是他们带着这种材料来到了小宁衣帽间，重新制作了一条用泡泡纸做的裙撑。

恬恬："一层好像不够，我们多加几层吧。"

拾月："好呀，我带来了三层，都把它们围起来吧。"

三层泡泡纸围起来后，果然裙子"蓬"起来了（见图2-3-9）。女孩们高兴地拍手欢呼，看到渐渐"蓬"起来的洋裙，孩子们探究兴趣高涨……

悦悦："我回家观察过家里的纱裙了，有好几层纱（见图2-3-10）。如果我们有好看的纱加在上面，也会更好看更蓬松吧！"

图 2-3-9　制作裙撑的新材料　　　　图 2-3-10　观察纱裙，寻找合适的材料

2. 分析

孩子们经过初次尝试后，并没有放弃寻找更合适的材料，他们开始留意身边的各种材料。

有许多孩子回家找出自己的小洋裙，观察其中的裙撑材料和制作工艺。他们探究后找到最合适的材料——纱。他们把纱一层层往上叠加，这样既美观又能达到蓬松的效果。

3. 支持与回应

（1）用展板体现幼儿学习轨迹，促进幼儿继续探究的兴趣

教师可以把孩子们近阶段的探究过程和成果呈现在展板上，从尝试不同测量工具进行"量衣"（详见活动推荐3）、打版、选品，到剪裁、选择配饰的装扮。孩子们看到自己

的探究一路走来的调整和不断变化，很有成就感。比如，孩子们通过选择不同材料形成了裙撑的变化，还发现了其中的规律，即裙撑的材料既要轻柔又需要有支撑度。

（2）用表格引导孩子关注材料的差异性

教师可以引导他们比较材料的差异性，并用表格（见表 2-3-1）把各种材料的优缺点写出来，方便他们总归规律。

表 2-3-1　材料差异性对比表

材料	优点	缺点
纸	易塑形	没弹性，不轻柔
泡沫纸	支撑性好	不易塑形
纱	易塑形，轻柔	无

六、项目成果

T 台展示秀

历经四周的"小小设计师"活动即将落下帷幕，"洋裙小组"决定用走秀的形式进行成果汇报。"洋裙小组"为了 T 台秀而忙碌着，她们从服装、队形、辅助道具、介绍词都是自己设计的。

1. 观察与实录

拾月："我们一共 5 个人，有两件服装（见图 2-3-11），可以我和悦悦一组，你们 3 个人一组。"

悦悦："好呀，那我们要做什么动作？"

拾月："我们可以手拉手一起走，还有一只手拉裙子，让裙子变得大大的（见图 2-3-12）。"

图 2-3-11　幼儿设计的洋裙

图 2-3-12　幼儿设计 T 台走秀

拾月："你们可以拿一把扇子，像书上那个公主一样。"

琪琪："这里有扇子，给它贴一些花边，太美了。"

拾月："等一下，走 T 台的时候，你和悦悦一起走，我来介绍。"

悦悦："好的,这样他们就知道我们裙子最好看的地方在哪里了。"
决定好,他们立马行动起来,一遍又一遍地进行排练。

2. 分析

过程中,孩子们关注到了洋裙的特性,选择了很有西方文化特点的扇子,将生活中的一些对西式洋裙的认知经验迁移到了探究中。在探究中能与同伴合作,并交流自己的发现、问题、观点和结果等。在T台秀中孩子们充满自信、自主地表现(见图2-3-13),最后能运用艺术表征的方式将自己的作品呈现出来。

3. 支持与回应

项目完成后,教师和孩子们一起准备了一次T台表演,让他们带着自己的作品进行展示。这也是项目的"高光"时刻。孩子们经历了一个多月的项目,看到自己的作品被"隆重"地展出,非常有成就感。他们长大以后可能会忘掉这个项目,但是通过自己的努力设计一个作品,通过团队合作的方式不断讨论,一次次尝试和解决问题的方法会让他们受益终生。这次T台表演会将这份成功的印记深深地留在他们心里。

图 2-3-13 幼儿现场走秀

小小设计师

 **七、项目反思**

1. 相信孩子,鼓励试错

项目化学习活动是没有统一的路线和蓝本的,这意味着每一步探索都可能会出错。在这个项目中,孩子们在反复试验中剪开了布料,用了不太合适的材料当裙撑,这样的"出错"是他们探究中的常见现象。作为教师,尊重和接纳孩子的试错是非常重要的。同时,我们需要提供支持性的环境氛围和探究的时间与空间,让幼儿在自己的操作及与同伴间的交流讨论中自己去发现错误,进而修正错误。试错的过程也是幼儿自我学习的过程。

2. 帮助孩子梳理和总结,把他们"隐形"的思考过程"显性"地表达出来

孩子们在感受了成功的体验后往往会忘掉成功的原因和探索的过程,而这"隐形"的思考过程才是认知发展中最重要的环节。作为教师,在项目中应不断鼓励孩子们记录他们

的探索过程，通过图文表征、表格比较、小组回顾等方式帮助他们把"隐形"的思考过程"显性"地表达出来，这样他们的成功体验才能有效迁移。

八、项目资源

相关资料

1. 绘本推荐：《人类的衣服》（北京联合出版公司，作者：［法］若埃尔·若利韦），《人类的礼服》（后浪出版公司，作者：［法］桑德里娜·库普里-韦斯皮耶郎）。

2. 纪录片：《西方服饰发展史》。

3. 视频素材：制衣车间服装制作工序、儿童 T 台秀。

活动评价表

表 2-3-2 "小小设计师"教师、家长观察评价表

内容与要求	观察要点	水平表现一	水平表现三	水平表现五
观察、比较衣服的不同，积累服装设计的相关经验（项目本身）	观察、比较衣服的不同，积累服装设计的相关经验	了解衣服的不同种类及特征；知道几种常见衣服的种类及其明显特征	能观察、比较各种款式的衣服，发现其异同，并进行简单描述	能在观察、比较与分析的基础上，发现并描述衣服的特征，以及和季节、功能、职业等之间的关系
	体验制作衣服、完成设计的乐趣	能用多种感官或动作探索服饰，对结果感兴趣	能用图画或其他符号记录自己的探究过程或结果	能在探究中与同伴合作，并交流自己的发现、问题、观点和结果等
体验不一样的服饰文化，了解中西方民族服饰文化的差异（多元文化）	在探索、欣赏、扮演、制作等过程中，了解不同文化背景下的服饰差异与美感	经引导，能感受不同地区服饰的特征差异	能感受不同地区语言、食物、服饰等的特点	知道中国是一个多民族的大家庭，体验其他民族、国家的服饰、风俗

（续表）

内容与要求	观察要点	水平表现一	水平表现三	水平表现五
通过思考、计划、合作、反思等主动学习和持续探究，提升审美情趣和创造能力（幼儿发展）	在计划、合作等小组探究活动中自信、自主地表现	愿意做自己力所能及的事，乐意接受一些小任务	喜欢承担一些小任务，并尝试做简单的计划	能对自己和小组做的计划、事情和结果进行回忆，做出简单的分析，并愿意做适当的调整
	在探究过程中具有初步的艺术表现与创造能力	能运用简单的线条和色彩大致画出自己喜欢的服饰	能运用绘画、捏泥、折纸等方式表现观察到的或想象的服饰	能运用较丰富的色彩、线条、形状以及材质等表现自己观察到的或想象到的服饰

🏈 活动推荐

活动推荐1　亲子探究"Dior 百年服装展"

活动目标

1. 通过入项活动参观 Dior 服装展，初步了解西式礼服。
2. 提高审美情绪，逐步萌发设计服装的意愿。

活动建议

1. 家长可以引导幼儿说说每件服装的特点。
2. 可让幼儿携带儿童照相机以儿童视角进行拍摄。

活动过程

1. 参观前，家长收集幼儿关于西式礼服的问题，并进行梳理。
2. 带着问题参观服装展，并在近距离观赏中通过家长协助进行解惑。
3. 在遵守观展规定的前提下，幼儿使用儿童照相机进行拍摄，并说说自己的感受。
4. 参观后，幼儿设计一件西式礼服，并和同伴进行分享。

活动推荐2　集体活动"该选哪一件？"

活动目标

1. 根据服装的多种特点，帮助国庆小主持选择服装，并大胆表达自己的观点。

2. 与同伴共同商讨解决问题的方法，会倾听同伴，愿意接纳好的意见。

活动准备

1. 经验准备：通过田野调查对不同风格的服装有一定了解，并选择投票。
2. 材料准备：两件服装，两种颜色的便签纸，笔、黑板。

活动过程

一、经验迁移 引出话题

情境导入：马上就要国庆节了，我们的国庆小主持为了服装的事儿有些烦恼，想请大家为她选择衣服。

提问：大家通过投票的方式选出了这两件，到底该选哪件参加国庆主持呢？

小结：大家的想法都不一样。

二、展开讨论 积极表达

1. 幼儿按照自己的观点进行分组讨论、记录。

规则：选择自己的小组，使用提供的纸笔，列举出选择这件衣服的理由。

2. 说说选择的理由。

提问：你们可以各自说说选择的理由。

（教师帮助幼儿突破思维局限，打开思路，可以从颜色、图案、材质、建材构造、穿着舒适度等进行及时的总结和梳理。）

小结：你们都很会发现，每个人的感受是不一样的。有的小朋友发现衣服美很重要，有的小朋友觉得适合很关键，还有的小朋友发现了要穿和活动主题有关的服装，真厉害！

三、迁移拓展 解决问题

1. 教师：我觉得你们双方的理由都有道理，那么我们可以保留衣服原来的优点。对于提出的问题，想想有什么好办法解决？

（引导幼儿从对立的双方转变成合作的双方，共同协商解决问题。）

2. 欣赏三款设计师作品，感受不一样的设计。

A. 中式旗袍。

B. 西式公主裙。

C. 中式和西式融合的连衣裙。

小结：中式旗袍给人优雅的感觉，国庆小主持穿上它很能体现中国美。公主裙让人感觉活泼可爱，小主持穿上它更加有活力。另外一件连衣裙既保留了中式服装的特色，也有西方服装的美，小主持穿上不同风格组成的衣服，一定会有不一样的味道。感谢每一位"设计师"今天都在动脑筋说出自己的想法，也能够尊重其他"设计师"的不同看法。

活动推荐3　小组探究"量衣"

活动目标

1. 知道量衣是制衣环节的重要部分，并了解分别要测量人体的哪些部位。
2. 尝试使用测量工具进行测量，并记录数据（见表2-3-3）。

活动材料

记录表、笔、测量工具（皮尺、毛线、直尺）。

活动玩法

1. 看懂量体示意图（见图2-3-14），判断要测量人体的哪些部位。
2. 选择不同的测量工具进行测量，并做简单记录。

表2-3-3　量体数据记录表

项目	图示	结果
肩宽		
胸围		
衣长		
袖长		
腰围		
裤长		
臀围		

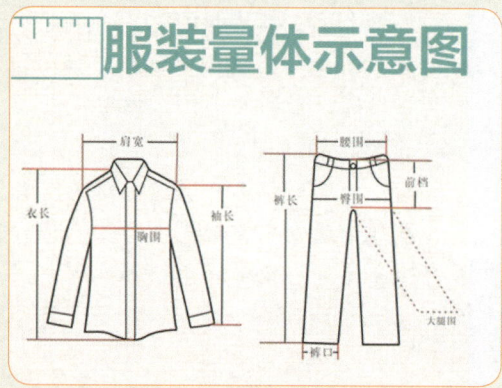

图2-3-14　服装量体示意图

观察重点

1. 观察幼儿选择合适的测量工具测量不同部位。
2. 观察幼儿使用皮尺的方式，指导幼儿读懂测量工具上的数字和刻度。
3. 提示：

（1）提供量体示意图，对照发现哪些部位需要测量数据（见图2-3-15）。

（2）一同商讨测量、比较的正确方法与规则。

图2-3-15　幼儿用皮尺进行量体

主题 3

小宁的花园——我们爱自然

　　课程实时都在生发与变化，在"小宁的花园"主题下所列举的案例是幼儿在幼儿园生活中自然发生的。在幼儿园的自然环境中，幼儿的学习探究行为自然生发，在教师的支持下，他们自发、自主、自我驱动地完成了整个项目。

项目1
给瓢虫造家

中班

一、项目缘起

　　每当户外活动的时候，孩子们总喜欢三三两两聚在一起寻找、观察幼儿园里的小昆虫，他们一起把瓢虫、蚱蜢、蚂蚁带回教室里的昆虫馆，看到了蜜蜂、蝴蝶在飞舞……慢慢地，昆虫馆里的虫子越来越多。

　　某一天，孩子们发现自然角里的瓢虫死了，他们着急地把装着瓢虫的容器拿来，问："老师，瓢虫怎么都死了呢？"教师觉得无从说起，便问他们："你们觉得呢？"浩浩说："它是不是没水喝，渴死的？"雯雯说："它一定是没东西吃。"小贝说："它住的房子太破了。""那该怎么办呢？"教师继续问，小贝顿时眼前一亮："我想给瓢虫造个家。"

　　孩子们热火朝天地讨论起来，似乎也开启了"昆虫馆"背景下的一场项目式学习探索活动。"给瓢虫造家"，孩子们能成功吗？

二、项目流程图

```
                    ┌─ 项目启动：我为小瓢虫造家 ── 讨论思考，引出问题
                    │              ┌─ 探究1  瓢虫喜欢什么样的家？ ── 交流调查，尝试动手
  给瓢虫造家 ──────── 项目推进 ──┼─ 探究2  什么样的房子最适合瓢虫住？ ── 观察比较，阐述观点
                    │              └─ 探究3  什么样的材料造家更合适？ ── 实践分析，解决问题
                    └─ 项目成果：瓢虫之家评选 ── 回顾项目，反思评价
```

三、目标与要求

　　① 知道常见的昆虫，了解瓢虫的基本特征和习性。

　　② 乐于用各种材料为瓢虫造家，并尝试不断丰富、调整自己的作品。

　　③ 根据观察或发现，提出有价值、能持续探究的问题，并尝试用适宜的方法探究和解决。

四、项目启动

1. 环境与资源

① 充分利用幼儿园的课程环境,例如:幼儿在"小宁博物馆"内翻阅绘本、寻找书籍查找有关于"瓢虫"的资料;幼儿在幼儿园的"小树林"里寻找、观察、捕捉瓢虫,尝试饲养瓢虫;在教室里幼儿与教师共同打造"为瓢虫造家"的探究环境。

② 在教室内投放与瓢虫相关的绘本,利用电子设备播放收集的视频素材,与幼儿共同收集有关瓢虫外形特征和生活习性的资料以及造家所需要的各种低结构材料等。

2. 梳理孩子们为瓢虫造家的问题

① 组织幼儿围绕"我为瓢虫造家"这一话题进行讨论:瓢虫喜欢居住在什么样的家里?

② 鼓励幼儿提出问题与同伴分享。如:在为瓢虫造家之前,你有哪些问题需要解决?你准备如何解决问题?需要哪些帮助与指导?

3. 提出驱动性问题

与幼儿讨论、记录项目活动中急需要解决的问题,我们共同梳理、筛选出幼儿最感兴趣的3个问题开启了探究之旅:

① 瓢虫喜欢什么样的家?

② 什么样的房子最适合瓢虫住?

③ 什么样的材料造家更合适?

五、项目推进

探究 1　瓢虫喜欢什么样的家?

1. 观察与实录

驱动性问题的产生,让"想给瓢虫造个家"这个项目活动引发了幼儿更深层的讨论:"瓢虫喜欢住在什么样的房子里?"围绕这个问题,每个幼儿都说出了自己的想法……

浩浩:"要用盒子做房子,瓢虫就不会冷了。"

肉肉:"房子上要有窗户,瓢虫能透透气。"

辰辰:"还要有个门哟,瓢虫还能出去玩一玩。"

肉肉:"用树枝和树叶给瓢虫造房子,瓢虫最喜欢了。"

希希:"瓢虫喜欢五颜六色、亮闪闪、很漂亮的房子……"

依依:"小瓢虫喜欢软软的房子,要在房子里垫上树叶和小草……"

2. 分析

幼儿结合自己的生活经验提出了对瓢虫的家的各种奇妙的想象，这些朴实的语言也是出于经验、日常的理解，与严格意义上的科学理论存在一定距离。如何引导幼儿运用已有的经验建构新的经验还有待我们去思考。

3. 支持与回应

（1）鼓励幼儿开展调查，了解瓢虫"需求"

想要成为好的建筑师，首先要熟悉瓢虫的需求，了解瓢虫喜欢吃什么，喜欢什么样的生活环境。我们鼓励孩子们走出教室到草坡上、花园里翻一翻落叶堆，瞧一瞧灌木丛，去寻找和观察瓢虫们的生活（见图 3-1-1 到图 3-1-3），并认真地做好记录，同时收集一些"建材"，为瓢虫造家做准备。也可推荐家长利用周末时间开展一系列的亲子活动，可进行自然观察或田野调查，推荐昆虫艺术展（见图 3-1-4）、昆虫馆（见图 3-1-5 到图 3-1-6）、自然博物馆、植物园、花鸟市场等地。

图 3-1-1　幼儿在长廊下观察昆虫

图 3-1-2　幼儿在捕捉瓢虫

图 3-1-3　幼儿寻找昆虫

图 3-1-4　幼儿参观昆虫艺术展

图 3-1-5　幼儿参观昆虫馆1

图 3-1-6　幼儿参观昆虫馆2

同时可以鼓励孩子和爸爸妈妈、老师们在幼儿园或家中利用空闲的时间观察饲养瓢虫、观看书籍、视频，查找网络资料（见图 3-1-7 到图 3-1-10），了解瓢虫的生活习性和生活环境。

图 3-1-7　孩子们在小宁博物馆中的电脑上查找资料

图 3-1-8　寻找与瓢虫有关的书籍

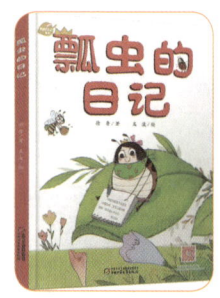

图 3-1-9　绘本《瓢虫的日记》

图 3-1-10　绘本《诞生了！瓢虫》

如来自"阳阳妈妈"所记录的家庭项目探究故事片段：

　　　　阳阳给我介绍，幼儿园里孩子们要一起为班级里的小瓢虫制作它的家，她问我："妈妈，瓢虫喜欢什么样的房子呢？""妈妈也不知道，我们一起查一下资料吧"，我回答道。于是我与阳阳一起上网查找了资料，原来"凡是有蚜虫和蚧虫寄生的植物，如棉花、柳树、槐树、榆树、豆类等植株上，都能找到瓢虫，有时甚至出现大批瓢虫聚集的景象。秋天，田间瓢虫的数量减少，它常在玉米、萝卜和白菜等处产卵。越冬的瓢虫不食不动，只要找到，捕捉很方便，用手就能捉住"。"原来瓢虫喜欢吃的是'蚜虫'呀，那我可以用一些柳树枝、槐树枝来给瓢虫造家，松果也可以放进去。"阳阳又说道："冬天的瓢虫不吃东西、不动，是不是它觉得太冷了？""是的呢。"我回答道。"那瓢虫喜欢什么样的天气呢？"好奇的阳阳又问道。"那你查一查，瓢虫居住的环境需要什么样的温度呢？"我对阳阳说。阳阳在我的帮助下，通过网络查到"室内的温度要控制在 20℃～25℃，相对湿度在 70%～80%"。"那我们现在的温度倒是正适合瓢虫居住和活动。如果到了冬天的话，我们需要想办法让瓢虫暖和一点。"阳阳说，"妈妈，你和我一起去找一些树枝吧，我明天就可以带去幼儿园了！"阳阳想起要制作瓢虫之家不禁跃跃欲试。

（2）支持幼儿组建小组，尝试动手实践

如何才能让幼儿在个人经验的基础上实现对自主科学概念的建构呢？显然，他们需要动手操作、实验的机会。就这样，在教师的支持下，孩子们自发形成小组，通过讨论，不断改进自己的设计（见图 3-1-11 到图 3-1-14），构建了初步的项目地图。

图 3-1-11 幼儿小组讨论 1

图 3-1-12 幼儿小组讨论 2

图 3-1-13 幼儿记录

图 3-1-14 幼儿分享结果

（3）开展家教指导活动，构建交流平台

在班级中我们面向所有家长开设了有关于 PBL 项目化学习活动的家教指导活动，在指导活动中我们简单介绍了 PBL 项目化学习活动的背景来源、项目化学习的内涵、实施过程、对幼儿发展的意义以及以往开展项目化学习活动的情况介绍等，并邀请家长围绕"给瓢虫造家"的项目化学习活动开展头脑风暴。我们请家长分成几个小组开展头脑风暴，提出关于为瓢虫造家的问题，然后进行分享。教师帮助进行问题的归类，并与家长一同寻找适合研究的问题（驱动性问题）。从成人的角度体验项目化学习活动的过程，帮助家长真正了解项目化学习。家长与教师做好了家园共育，共同帮助幼儿通过自主学习自发地产生学习兴趣，以此培养幼儿良好的学习能力和学习品质（详见活动推荐 1）。

探究 2　什么样的房子最适合瓢虫住？

围绕"瓢虫喜欢住在什么样的房子里？"这个问题，幼儿捕捉了瓢虫进行观察饲养；利用周末时间开展了亲子田野调查；查阅了相关的资料和书籍……对瓢虫的生活习性有了一定的了解之后，幼儿以小组的形式制订了计划。

1. 观察与实录

> 带着初步的项目计划，幼儿开始尝试第一次制作瓢虫之家（见图 3-1-15 到图 3-1-17）。
>
> 在一个美妙的上午，辰辰邀请项目组里的孩子们进行了第一次的尝试。只见他们有的在手工纸上作画，有的拿着剪刀在剪些什么，午饭前，一个漂亮的"瓢虫之家"做好了。但很快，孩子们就发现了问题。
>
> 乐为："房子没有洞，瓢虫会闷死的。"
>
> 天天："房顶上的装饰太多了，房子快垮啦。"
>
> 宽宽："瓢虫的家里没有食物，它会饿吗？"
>
> ……
>
> 那么，"到底什么样的房子最适合瓢虫住呢？"

图 3-1-15　幼儿首次尝试制作瓢
　　　　　虫之家

图 3-1-16　幼儿合作制作瓢虫之家

图 3-1-17　幼儿制作的成品

2. 分析

中班幼儿在学前期，处于承上启下的阶段，在思维与想象力方面，已经开始摆脱 3～4 岁时期思维受到动作束缚的特点，思维有了一定的目的性和预见性，但幼儿的思维仍离不开实物和实物的表象，具有明显的直觉形象性。幼儿觉得，"家"的房顶装饰太多，房子会垮；房子没有洞（门和窗），瓢虫会闷死；房子里没有食物，瓢虫会饿死……在制作时，幼儿干得热火朝天，但做完之后，他们发现了问题。和大班相比，他们还缺乏逻辑思维的能力，更多的是在动手玩乐中进行思考。

3. 支持与回应

（1）引导幼儿发现问题，认可接纳幼儿的猜想

教师的认可与接纳对于幼儿来说是非常重要的，认可和接纳意味着教师已经听到了幼

儿的声音，了解了他们的想法。通过实践我们发现，教师采取认可和接纳的态度确实建立了一种宽松安全的心理氛围，幼儿可以在这样的环境中表达自己对客观世界的认识并且勇于提出问题，师幼共同营造宽松的探究氛围。教师鼓励孩子们在第一次动手制作"瓢虫之家"后，互相讨论并提出问题。在与孩子们的讨论中，教师充分认可、接纳孩子们所提出的新问题和产生的新想法。同时，教师鼓励幼儿尝试收集更多的材料，查阅更多的资料。

（2）鼓励幼儿解决问题，调整小组作品

教师鼓励幼儿自由发言，探讨解决问题的方法和途径。同时，教师建议幼儿可以参观位于市北高新园区内的"建筑模型博物馆"，鼓励幼儿通过参观建筑模型博物馆，观察设计师展陈的建筑模型，了解建筑模型的基本结构及材料。想办法调整自己的作品——"瓢虫之家"（详见活动推荐2）。

探究 3　　什么样的材料造家更合适？

在第一次造家的过程中，幼儿发现了很多问题，于是又进行了第二次的计划和分工："要造一个有洞的房子，让瓢虫可以自由呼吸。""房顶不能太重，房子才能坚固。"……就这样，孩子们利用手工纸、鞋盒进行了第二次尝试。

1. 观察与实录

第二次开始搭建瓢虫之家，孩子们看着像模像样的"家"，似乎又遇到了难题：洞口是有了，瓢虫也能呼吸了，但洞口太大了，瓢虫会逃出去啊；房顶是有了，但太不好看了，瓢虫不会喜欢的。

于是，孩子们确定了探究中的一个关键问题：用什么样的材料做房顶最合适呢？（见图3-1-18）

手工纸屋顶VS泡沫屋顶——洞口大小要适宜

通过交流分享，小罗的泡沫屋顶（见图3-1-19）和小贝做的手工纸屋顶（见图3-1-20）都得到了同伴的认可和赞赏，两个屋顶都有洞，和房子的下半部分粘贴整齐。但孩子们还是更喜欢手工纸的屋顶，因为"洞口太大，瓢虫会逃出去""洞口要比瓢虫小，又能呼吸，又安全"。

树枝屋顶VS泡泡纸屋顶——透明，可观赏性强

小史和阳阳合作制作了树枝屋顶（见图3-1-21），一个撕胶带，一个粘贴，分工明确，忙得不亦乐乎；他们制作的树枝房子和琪琪的泡泡纸房子（见图3-1-22）都注意到了洞口的大小，孩子们却说"泡泡纸房子"更好，因为泡泡纸有点透明，可以看到瓢虫在里面爬。

丝袜屋顶VS无纺布屋顶——制作方便，美观

琪琪在妈妈的引导下，带来了一双女生的丝袜，进行了积极的探索和尝试。而希希用材料库中的无纺布也在认真地制作着（见图3-1-23和图3-1-24）。在

分享交流中，孩子们对他们的作品叹为观止：有合适大小的洞口，有透明的特质，可以观赏。但孩子们似乎更喜欢"丝袜房子"（见图3-1-25），因为它制作方便，用双面胶一粘就好了，多节省时间。

图3-1-18　幼儿选择制作瓢虫之家的材料

图3-1-19　幼儿制作的泡沫房子

图3-1-20　幼儿制作的手工纸房子

图3-1-21　幼儿制作树枝房子

图3-1-22　幼儿制作泡泡纸房子

图3-1-23　幼儿制作的无纺布房子

图3-1-24　幼儿用工具固定无纺布房子

图3-1-25　幼儿制作丝袜房子

2. 分析

幼儿一次次的尝试、质疑、反思、调整，体现了多途径、多资源实践下的深度学习，幼儿通过与环境、同伴的互动，能够批判性地学习新的思想，并融入原有的认知结构；能够在众多想法中联系，并能够将已有的知识迁移至新的情境，解决问题。深度学习建立在"改变潜力"的基础之上，它强调对事实的内在理解，不只涉及记忆，更注重理解和应用，要求对学习有一种积极的态度。"瓢虫小队"的孩子们向我们完美展示了这一点。

3. 支持与回应

（1）帮助幼儿梳理材料的特性，反思调整作品

孩子们利用不同的材料制作瓢虫之家后，教师提供了分享交流的机会，鼓励孩子们展

示自己的作品，引导孩子们分析不同造家材料的特点。同时引导幼儿联系瓢虫的生活习性，思考"如何制作一个让瓢虫住得很舒服又方便饲养者观察饲养的房子？"，并进一步调整自己的作品。孩子们可以结合集体讨论中所得出的结论对作品进行优化调整，比如：丝袜的透气性比较好，可以尝试放在透气孔使用；树枝是自然材料，瓢虫很喜欢……

（2）帮助幼儿学会探究的方法，培养科学态度

在幼儿探究的过程中，遇到无法比较并识别的情况时可以引导幼儿采用科学小实验的方法以感知不同材料之间的特性，如在"给瓢虫造家"的过程中，遇到不同的两到三种材料，哪一种材料更加透气、更适合作为造家的材料？这个问题，就可以通过科学小实验帮助幼儿得到答案。帮助幼儿掌握基本的科学探究方法，对幼儿核心素养的培养以及进行自主、深度的学习探究是十分必要的。在动手操作环节，可以通过启发式的问题鼓励幼儿进行观察、记录、反思等。同时教师适时地关注幼儿是如何操作实践的，并对方法进行指导，能够帮助幼儿更好地掌握探究的方法，提高解决问题的能力（详见活动推荐3）。

六、项目成果

瓢虫之家评选

幼儿利用不同的材料制作瓢虫之家后，纷纷在班级中展示分享自己的作品。同时教师在班级的墙面上与幼儿一起梳理了活动中所使用过的所有材料，鼓励孩子们分析不同材料所造的房子的特点。

1. 观察与实录

孩子们给瓢虫造的家进入尾声，他们的作品琳琅满目，陈列在教室的一角。某一天的自由活动，孩子们热闹地围在一起，开展了交流：

小贝："我喜欢手工制作的房子,它上面的洞口大小要比瓢虫的身体还要小。"

阳阳："泡泡纸房子不错,透明的材料可以看到瓢虫之家里的瓢虫。"

小史："是的,这样放在教室里可以方便小朋友观察瓢虫之家里的小瓢虫。"

琪琪："丝袜房子做起来非常方便,我自己用双面胶就粘好了。"

思思："而且丝袜房子的透气性也比较好,不用担心瓢虫住在里面会闷。"

天天："我觉得树枝房子也不错,瓢虫喜欢爬在树枝上。"

宽宽："瓢虫之家里可以放一些瓢虫喜欢的树叶和松果……"

2. 分析

中班的幼儿语言表达能力逐渐增强，能够独立表述各种事物，对事物的理解能力也逐渐增强，并且逐渐形成自己的个性，在活动中慢慢学会与他人交往互动。结合中班幼儿的年龄特点，幼儿需要通过同伴评价，形成良好的自我意识，懂得自我欣赏。教师需要引导

幼儿积极关注同伴，看到他人身上的良好品质。

幼儿各抒己见，大胆表述对不同作品的欣赏和建议，在陈述理由的过程中提高了观察、分析、归因等能力，体现了个性表达。

3. 支持与回应

（1）展呈幼儿作品，记录高光时刻

在项目的最后一个星期，我们组织幼儿进行了瓢虫之家的评选活动，在班级中集中展示了幼儿制作的所有瓢虫之家（见图 3-1-26 到图 3-1-27），鼓励幼儿评选出自己喜欢的瓢虫之家。同时将幼儿造的瓢虫之家呈现到幼儿园的公共环境中，教师记录下了幼儿的高光时刻，引导幼儿体验活动后的成就感，为自己的作品感到自豪。

图 3-1-26　在班级中集中展示幼儿的作品　　　图 3-1-27　在班级中集中展示幼儿的探究轨迹

（2）通过项目发展过程中的观察与评价，提升成效

通过与第三方合作，教师将开展活动过程中所拍摄的照片、记录幼儿探究过程的图文上传到"孩子通"APP上，运用"孩子通"APP，将幼儿发展目标转化为可以量化的、可见的、有趣的、生动的"评价指标"。让家长们看到孩子在探究过程中的成长和变化，让幼儿的发展评价可视化。通过项目发展过程中的家园互动式观察与评价，教师与家长共同聚焦幼儿的发展，进一步促进家园共育。

（3）满足幼儿情感需求，鼓励幼儿深入探究

教师满足孩子对造家的情感需求，鼓励幼儿有持续探究的兴趣和积极性，引导幼儿将已有的知识迁移至新的情境，并运用在项目中所获得的经验解决新的问题。我们期待下一次项目式活动的开启（详见活动推荐4）。

七、项目反思

1. 合理分组，强化幼儿之间的协作与对话

通过分工合作来造瓢虫的家，能最大限度地发挥每个幼儿的优势和特长。虽然不同性格的个体在动手实践、空间想象、语言表达等方面存在一定的差异，但幼儿自主地进行分工、组合可以促进不同性格幼儿在学习品质上的优势互补，形成组内幼儿的相互帮助和相互启

发，促进小组间竞争学习，激发幼儿的学习兴趣和学习动机。

2. 活动项目化，促进幼儿对真实问题的关注和解决

积极的学习方式会对幼儿的学习质量产生重要影响，因为它不仅影响幼儿的学习动机和学习情绪，还会影响幼儿内隐的学习心智，而这些学习心智决定着幼儿对学习的认知及行为选择。在项目学习中，幼儿可以积极地投身到那些能激发他们好奇心的问题探讨中去：瓢虫喜欢什么样的家？房顶上的洞口太大怎么办呢？教师的提问和点评、同伴间的评价帮助幼儿在探究中不断聚焦和厘清问题，直至问题的解决。

3. 尊重个体差异，支持个性化表达

在探究中，不同的幼儿会遇到不同的问题，而产生问题的节点正是提升和强化幼儿学习品质的关键点。一方面，教师要及时把握幼儿的学习状态和需求，并为其探究问题提供支架，以发挥不同水平层次幼儿的学习潜能。另一方面，教师要为幼儿提供材料支架，创设相应的支持环境。在材料提供时，避免"多则滥、滥则泛"的状况，帮助幼儿跳出思维的固有模式和局限性，诱发幼儿的想象力、积极互动和多元操作。

八、项目资源

🤖 **相关资料**

1. 绘本推荐：《昆虫的世界》（长江出版社，作者：孙静），《奇妙的昆虫》（长江出版社，作者：周冲），《瓢虫的日记》（中国少年儿童出版社，作者：徐鲁），《七星瓢虫爱吃肉》（南京大学出版社，作者：保冬妮），《幼儿小百科：奇妙的昆虫世界》（北京联合出版公司，作者：姚云志），《法布尔昆虫记科普绘本》（长江出版社，作者：齐遇）。

2. 视频推荐：《昆虫王国》《微观小世界》《昆虫的盛宴》。

🏔 **活动评价表**

表 3-1-1 "为瓢虫造家"教师、家长观察记录表

内容与要求	观察要点	水平表现一	水平表现三	水平表现五
观察瓢虫的变化，了解瓢虫的基本特征和生活习性	通过田野调查、饲养以及"为瓢虫造家"活动，感知瓢虫独特的生活习性	亲近自然，尝试进行有关瓢虫的田野调查	愿意饲养瓢虫并为瓢虫造家，初步了解瓢虫的生长环境	观察不同种类的昆虫，感知某些昆虫特殊的生活习性

（续表）

内容与要求	观察要点	水平表现一	水平表现三	水平表现五
	了解瓢虫的外部特征、生活习性与生活环境对瓢虫生存的意义	喜欢观察瓢虫，对有趣的现象感兴趣	了解瓢虫的基本特征	观察瓢虫的生活习性，探索它们与大自然周围环境的关系
根据观察或发现，提出有价值、能持续探究的问题，并尝试用适宜的方法探究和解决	在探究"为瓢虫造家"的过程中，尝试进行观察比较、大胆联想、猜测问题的答案并设法验证	对感兴趣的事物能仔细观察，发现其明显特征	能对事物或现象进行观察比较，并根据发现提出值得继续探究的问题	能根据观察结果提出问题，大胆猜测答案，并能用一定的方法验证
	能通过收集信息，制订简单的计划，并尝试记录观察的过程与结果	能通过简单的调查收集信息	能用图画或其他符号进行记录，呈现计划	能共同制订计划，用数字、图画、符号等记录，呈现问题、计划或探究的过程与结果
对"为瓢虫造家"的过程保持浓厚兴趣，专注认真，并敢于提出质疑	做事专注、坚持	对感兴趣的活动能持续集中注意一段时间	遇到困难时，在鼓励下能继续进行活动	遇到困难时能多次尝试，不轻易放弃，直到任务完成
	敢于质疑	活动中愿意倾听和接纳同伴的意见和建议	活动中能倾听和接纳同伴与自己不一样的意见，不同意时会表达自己的想法	敢于坚持与别人不同的意见并说出自己的理由

🏈 **活动推荐**

活动推荐1　个别探究"参观建筑模型博物馆"

（活动目标）

　　参观建筑模型博物馆，欣赏不同设计师展呈的建筑模型，了解建筑模型的基本结构及材料。

活动材料

记录表、相机等。

观察重点

1. 观察幼儿参观建筑模型博物馆（见图3-1-28、图3-1-29）过程中遇到的问题，鼓励小组幼儿之间进行交流讨论。

2. 观察幼儿将自己的所见和所想记录在记录纸上的情况（见表3-1-2）。

图 3-1-28　建筑模型博物馆 1

图 3-1-29　建筑模型博物馆 2

表 3-1-2　自制参观"建筑模型博物馆"记录表

姓名	我喜欢的建筑模型（1）	它用到的材料	我喜欢的建筑模型（2）	它用到的材料
	我设计的瓢虫之家		我需要的材料	

提示

1. 教师或者家长在参观的过程中可以引导幼儿观察建筑模型的外形特征、制作材料等。

2. 鼓励幼儿利用相机记录下自己喜欢的建筑模型。

活动推荐2 小组探究"透气小实验"

活动目标

结合透气小实验，鼓励幼儿运用实验对比的方法了解不同材质的材料在透气性上的差异，积累科学探索的经验（见图3-1-30和图3-1-31）。

图3-1-30 幼儿在纱布包裹的杯子倒水　　　图3-1-31 幼儿查看结果

活动材料

纱布、无纺布、丝袜、水、杯子、记录表（见表3-1-3）等。

表3-1-3 自制透气小实验记录表

操作	无纺布	丝袜	纱布	其他材料
摸一摸，材质的厚薄				
比一比，渗水量的多少				
我的实验结果（打星星）				

活动玩法

1. 幼儿在无纺布、丝袜、纱布等材料上倒水，观察哪一种材料的渗水性好。
2. 幼儿记录实验结果，并进行分享交流。
3. 幼儿收集其他的材料进行透气小实验。

观察重点

1. 观察幼儿利用工具进行透气小实验的情况。
2. 观察幼儿根据实验结果进行记录的情况。

活动推荐 3 小组探究"幼儿园户外昆虫之家"

活动目标

利用自然环境中的材料为幼儿园制作户外昆虫之家，进一步满足幼儿对昆虫之家持续探究的情感需求，同时将在项目活动中积累的经验内化迁移到制作户外昆虫之家中。

活动准备

师幼共同搜集大自然的材料，如木头、竹子、稻草、钻头、松果等。

活动过程

1. 观察幼儿利用大自然的材料和幼儿园户外地理环境制作户外昆虫之家的情况。

2. 观察幼儿将在制作"瓢虫之家"所积累的经验内化、迁移到制作户外昆虫之家的情况。

一、项目缘起

"有用的植物"是大班一个重要的探究主题，在主题中幼儿发现人类的生活与植物有着密切的联系，在探究中他们对周围的树产生了浓厚的兴趣。

在一次拥抱大树的游戏活动中，我们观察到幼儿尝试用手拉手的方式合力抱树。他们讨论：需要几个人才能合力抱住这棵树？为什么有的树很粗，有的很细？如果要表达对树的喜爱，是否可以给树做个礼物？这个话题引起了幼儿的兴趣，他们七嘴八舌讨论起来。其中一个幼儿抱着一棵树说："我这样像不像给树戴上了项链？"几个人"咯咯"笑了起来，他们纷纷抱着树说要给树戴上项链。"要不我们就试试给树做一条合适的项链吧。"于是，我们的探究就这样开始了……

二、项目流程图

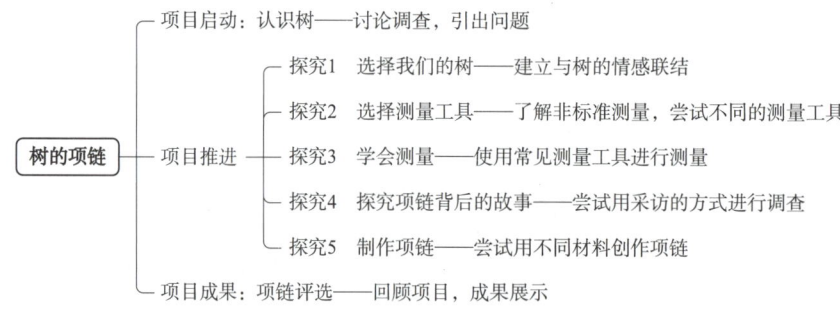

三、目标与要求

① 在"有用的植物"主题下，通过与幼儿园自然环境亲密接触，引发对自然探索的浓厚兴趣。

② 通过亲身体验和悉心观察，萌发深度探究的兴趣。

四、项目启动

1. 环境与资源

① 认识幼儿园小花园内的树木，知道它们的名称，观察其外观。

② 师幼共同收集各种装饰材料和自然物等，丰富材料超市的种类；投放和树相关的绘本。

2. 活动推荐

① 户外活动：开展绿色环保活动、植物写生活动、植物测量活动等。

② 亲子活动：可进行郊野野餐和自然观察，推荐上海辰山植物园、大宁灵石公园、世青森林公园、世纪公园等。

3. 提出驱动性问题

幼儿在一次次"认识树"的活动中，对小区、校园和马路上的树有了一定的了解。在观察的过程中幼儿提出了一些问题：

① 小宁花园里哪棵树最粗呢？

② 我们可以给树做一条项链吗？

4. 知识储备

① 幼儿园常见的树的种类、名称及特点。

② 测量的工具和方法。

③ 项链的类型和制作步骤。

五、项目推进

探究 1　**选择我们的树**

在"拥抱大树"的活动过后，幼儿萌发了给树做一条项链的想法。幼儿组成探究小组并设计制作了队标，他们来到小花园选择喜欢的树（见图 3-2-1），为它制作一条项链……

1. 观察与实录

浩浩："我们选择给哪棵树做项链呢？"

肉肉："我喜欢这棵高高瘦瘦的树。"

辰辰："我想要给胖胖的树做项链。"

肉肉："这棵树的叶子最多，颜色是绿绿的，

图 3-2-1　幼儿在幼儿园选择心仪的树

很好看，我们选这棵树吧。"

　　辰辰："那我们投票决定吧。"

　　肉肉："好主意，这样很公平！"

　　确定了树后，幼儿将各自的队标系在目标树上，对这棵树再次开启了仔细观察。

2. 分析

　　幼儿对选择什么样的树为其做项链，各抒己见。这是一个没有标准答案的问题。于是，教师和幼儿一起讨论、认识和了解树，并准备和他们一起制作一张记录表（见表 3-2-1），引导他们观察树。

表 3-2-1　记录表

我看到	我觉得	我尝试
树的周围有什么？ 树干的颜色是什么样的？ 树叶是什么颜色的？ 哪棵树有些特别？	树干给我的感觉是什么？ 树叶给我的感觉是什么？	选出我喜欢的树，说说理由

　　在观察和记录后，幼儿将自己对树的观察和体验在分享会上与大家进行了交流，最后通过投票的方式选择了各自团队最喜欢的树，即确定了目标树。

　　在这个过程中，幼儿不仅仅统一了意见，也学会了新的议事方法，即要让其他人认同自己的观点，需要收集信息和有说服力、感染力的情感表达。在没有标准答案的情况下，教师倾向于让幼儿通过自己的观察来回应问题，因为对 6 岁左右的幼儿而言，亲身直观地感知，能对事物的了解更全面。因此，教师可以回应间接一些，支持缓慢一点，留足够的空间让幼儿主动探索、独立思考、集体议事。

3. 支持与回应

　　幼儿对幼儿园中的树木有了一定的观察了解，接下来教师可以通过一节集体教学活动（详见活动推荐 1）激发幼儿以一种发现美、欣赏美的心态，去感受大自然的美好，关注树木给我们生活带来的好处。相信在情感上对他们之后探究树木有积极的推动作用。

探究 2　选择测量工具

幼儿选择了自己喜欢的树，他们想为它制作一条合适的项链。怎样才是合适的项链呢？西西说："围在树干上不能太大，也不能太小。"浩浩说："要量一下它的树围有多大。"于是，孩子们就"如何测量树围"开始了探究……

1. 观察与实录

> 选定了树木，回到教室后孩子们开始讨论起用什么工具进行测量，选用什么材料和测量的方法。
>
> 同时，孩子们还制订了一张计划表，包括测量方法、对测量工具的讨论等。他们准备边探索边记录（见表 3-2-2）。
>
> 随后，孩子们在教室的材料超市里寻找起来……
>
> 婷婷："我先把需要的材料写下来吧。"
>
> 皓天："我来写。"
>
> 奕奕："我也想写。"
>
> 婷婷："小飞画画比较好，让他来记录吧。"
>
> 小飞："好的，我们就直接用手去测量吧。"
>
> 婷婷："同意。我去看看材料超市有些什么东西？快看，这里有绳子还有铅丝，用这些试试。"
>
> 小飞："我看到另外几组也选择了这种材料。"
>
> 皓天："我觉得扭扭棒也可以围起来，我去找找教室里有没有。"
>
> 小飞："建构区里有一些可以弯曲的魔法棒，我觉得也挺合适的。"
>
> 皓天："好呀，这个材料别的组没有选择，我们把魔法棒也带上吧。"
>
> 奕奕："我想用橡皮泥来进行测量，然后做项链。"
>
> 婷婷："哈哈，好好笑，用橡皮泥？"
>
> 小飞："用橡皮泥怎么测量呢？不行吧？"
>
> 奕奕："可以把橡皮泥搓成长长的，然后围起来呀。"
>
> 皓天："我觉得奕奕的这个想法挺好的呀。你看，橡皮泥真的可以搓成细细长长的，可以把它围起来。我们试试吧。"

表 3-2-2　测量计划表

树木名称	测量方法	测量工具	测量结果

2. 分析

测量是重要的数学核心经验之一，它既是日常生活中的技能，也能促进幼儿的数学认知能力。对树的直径进行测量属于非标准单元测量，它的难度在于：一方面，需要找到柔软、易弯曲的替代物作为测量工具对树围进行测量。另一方面，使用标准测量工具精确测出树的直径。测量工具的选择是这个活动中非常重要且有难度的部分。

幼儿就选用什么样的工具进行测量开展了讨论，有了不同的意见，大多数幼儿选择绳子、扭扭棒、软铅丝，也有幼儿选择建构区中的材料——魔法棒。

奕奕提出了用橡皮泥作为测量工具的想法，大多数幼儿都不支持她，但奕奕还是坚持自己的想法，并提出可以把橡皮泥搓长，然后围起来，再进行测量。

在皓皓的建议下，幼儿准备把讨论转化为实际操作，动手验证奕奕的想法。此时，幼儿有了从假设到验证的思维方式，并能用友好协商的沟通方式。他们进入了自主探索阶段，或许他们有可能还不了解"非标准单元测量"中蕴含的科学概念，但基于问题解决的思维方式让他们有了攻破难点的策略。

另外，在选择的同时，幼儿能互相倾听和分享发现，真诚地接纳同伴的不同想法，最终统一了做法。幼儿在集体议事中知道了"每个人的意见都需要被聆听和尊重"，这也是幼儿园重要的文化氛围。

3. 支持与回应

（1）梳理不同的测量工具

师幼共同梳理各组选择的测量工具，教师鼓励幼儿交流如何使用这些工具进行测量，同时启发他们理解不同的测量工具，会运用不同的方法进行测量（见图3-2-2）。

图3-2-2　梳理幼儿选择的测量工具

（2）通过个别化活动给予幼儿探究不同测量工具的空间

教师鼓励幼儿尝试使用各自的工具，并探究用这个工具能否完成测量。为了让每个幼儿实践自己的计划，教师留出了足够多的时间让他们去尝试使用各种材料。随后，在主题背景下的个别化活动"比比谁最高"，提供了一些自然测量的材料，支持幼儿探索用自然材料进行测量的方法（详见活动推荐2）。

探究3　学会测量

幼儿寻找了一些身边的自然物测量工具，通过小组讨论也梳理了几种测量的方法。他们准备好测量材料，出发去测量自己选择的树……

视频

学会测量

1. 观察与实录

各探究小组的幼儿带着选择的测量工具来到小花园开始测量树围……

超人组：

奕奕："我来搓橡皮泥，哎呀，它老是断掉，接不长。"

一一、婷婷、悦悦："我来帮你一起吧。"

奕奕："搓成长条后，我们把它们连起来就好了（见图3-2-3）。"

橡皮泥连起来后，孩子们把橡皮泥绕着树围了起来，但他们发现……

婷婷："哎呀，橡皮泥粘住了，拿不下来了。"

奕奕："拿不下来就不知道项链多长了啊……"

婷婷："那怎么办？"

奕奕："我们还是用麻绳试试吧。"（见图3-2-4）

钻石组：

琳琳："我们用皮带来试试，把大树围起来。"

洋洋："那怎么知道项链应该有多长呢？"

琳琳："我想到啦，做个标记就可以了。"

洋洋："好主意。我来标记。在哪里做标记呢？"

琳琳："就是这里！"（琳琳指着皮带重合的位置说）

洋洋："我知道啦。"（说完，用笔在皮带重合的位置画上标记）

拿下皮带后，孩子们发现皮带上没有标记，又看看树上的标记，琳琳忽然想明白了……

琳琳："我们应该把标记画在皮带上，不是树上，不然怎么知道有多长呢。"（见图3-2-5）

教师一边观察幼儿探究过程一边记录（详见第四部分项目观察记录表3-2-2）。

图3-2-3 幼儿用橡皮泥测量树围　　图3-2-4 幼儿用麻绳　图3-2-5 幼儿用皮带
　　　　　　　　　　　　　　　　　　　测量树围　　　测量树围并记录

2. 分析

超人组的幼儿一开始就选择了有争议的橡皮泥作为测量工具。奕奕发现把橡皮泥搓成条状会一直断掉，于是几位小组成员一起帮忙，虽然接了又断，但反复几次后总算连接了起来。值得肯定的是，当一组同伴遇到困难时，大家能够一同想办法解决问题。

随后他们又碰到了新的问题：橡皮泥围成圈后粘在了树干上。幼儿觉得这样将无法测

123

量长度或是对项链进行装饰。所以，他们选择放弃橡皮泥来进行测量，选用了麻绳重新测量。

当幼儿确认橡皮泥不适合用于测量后，及时调整，选择其他材料。通过亲身实践，幼儿对选择合适的测量工具有了自己的认识。

钻石组选择用皮带对树进行测量。当他们顺利绕树围一圈后，发现无法获得测量结果。经过商量，他们觉得可以用笔进行标记。但是，当皮带从树上拿下后，他们发现做在树上的标记无法显示树围的长度。在讨论和尝试后，他们又发现要在皮带上做标记才能获得测量结果。

幼儿不断地尝试、试错、验证、再尝试……这一阶段幼儿学会选择合适的材料对树围进行测量和记录。遇到问题能够分析，提出自己的想法，最后解决了问题。

3. 支持与回应

（1）了解标准工具的测量方法

活动最初，幼儿使用了较多的非标准工具（替代物）进行测量，如橡皮泥、皮带等。因此，在此基础上，教师通过集体学习活动，引入了直尺和卷尺等标准工具来推进幼儿掌握测量，以此让幼儿了解这些工具的使用方法、区别，并教授了幼儿以厘米为单位的数数方法，让他们学习基本的数学单元概念。同时，在一日活动中的环境中投放直尺、卷尺等，引导幼儿进行科学测量活动，丰富幼儿使用标准测量工具的经验（见图 3-2-6）。

图 3-2-6　幼儿在植物角对植物进行观察与测量

（2）在生活中尝试不同的测量方法

在这期间，也鼓励幼儿使用手、脚、拳头等常见的身体部位进行自然测量，让他们更深刻地理解非标准工具能够解决常见的测量问题。对于大班幼儿来说，自然测量更加贴近他们的认知水平和现实生活。

探究 4　探究项链背后的故事

幼儿制作了大小合适的项链后，开始装饰项链。怎样装饰项链才好看呢？幼儿首先观察家里的项链。在调查中，他们不仅观察到了不同项链的外观特点，还了解了项链背后的故事……

1. 观察与实录

　　幼儿测量完树围的长度，就知道为树做的项链应该有多长，可以制作一条怎样的项链。

　　于是，项链的款式、材质、形状又成了他们探索的内容。

　　师生们再次共同制订了一张调查表，跟随这张调查表，幼儿与家人一同开始了"项链文化"的探究（见图3-2-7）。

　　仪仪："这条珍珠项链是结婚时爸爸送给妈妈的，代表着美好的爱情。"

　　小泽："妈妈的这条黄金项链，价钱比较贵。"

　　涵涵："我外婆的这条项链上有个吊坠，是爱心形状的。"

　　小易："妈妈说这条翡翠项链是外婆传给她的，希望她生活幸福快乐！"

图3-2-7　项链的故事墙面展示

2. 分析

　　完成测量后，幼儿要准备装饰项链。在装饰前，幼儿以家庭为单位，了解妈妈、奶奶、外婆等人的项链，以及项链的材质、长短、形状与功能等（详见表3-2-3）。

表3-2-3　项链调查表

项链的照片	主人	长度（厘米）	材质	图符	寓意	关于项链背后的事
	妈妈	45	银、水晶		水晶寓意好运气	爸爸第一次送给妈妈的礼物

　　幼儿能够有目的、有方法地在小调查中进行提问，有些幼儿还准备了采访调查提纲，所以能有序、连贯、清楚地完成调查。有些幼儿不仅仅采访了妈妈，还采访了外婆、奶奶、太奶奶等长辈。他们调查了项链的由来、馈赠、传承，对某条"传家宝"项链背后的故事进行梳理，甚至还了解了家族的历史，非常有意义。

　　这样的家庭采访也是一次难得的爱的教育，能让幼儿感受爱、表达爱。在调查采访过程中，幼儿明白了项链图形所表达的寓意，以及项链背后充满祝福和爱的故事。抽象的爱与家族情感凝结在具象的项链中，幼儿的感受力大增。他们更期待着进入制作项链的阶段。活动也从科学探究中收获了浓浓的人文情怀（详见活动推荐3）。

3. 支持与回应

（1）梳理调查信息，分享项链背后的小故事

教师在环境中用具象的图片和实物呈现项链的不同材质、图符、形状、寓意，并对项链的文化进行了整理归纳。其中，教师引导幼儿对"有历史"的项链进行再次采访，并指导幼儿通过视频、图文记录的方式按照时间顺序来呈现项链背后的故事。

（2）提供图片、视频资源支持幼儿探究学习

教师找到了纪录片《国家宝藏》中关于宝藏金项链的视频给大家播放，并在区域中投放不同历史时期的项链图片，鼓励幼儿观察不同时代的项链造型和工艺，推荐幼儿在休息日去历史博物馆看看国宝，让他们对项链的文化有更深入的感知。

探究 5　制作项链

幼儿对项链的外观和意义有了一定的思考后，开始收集各种材料装饰项链……

1. 观察与实录

幼儿在家和幼儿园里寻找、收集了各种装饰项链的材料（见图 3-2-8）。

琳琳从家里带来了很多漂亮的小珠子和各种形状的纸片，准备装饰项链。小组成员也想要把小珠子穿在之前用软铅丝材料制作的项链上。

琳琳："这个铅丝太粗了，小珠子穿不进去啊！"

肉肉："可以用固体胶吗？"

浩浩："你可以试试纸片能不能粘上去。"

琳琳："不行啊，纸片也粘不上去。"

浩浩："那就像小珠子一样打个洞吧。"

琳琳："真的可以啊。"

肉肉："我用绳子把小珠子穿在项链上了。"

琳琳："哇！这样好漂亮。"

幼儿汇总了自己尝试成功的一些方法（见图 3-2-9）。

图 3-2-8　幼儿收集用于项链制作的材料

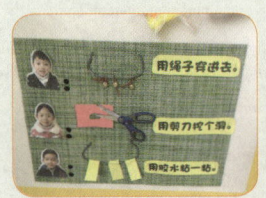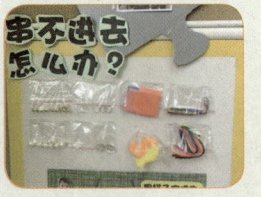

图 3-2-9　幼儿在制作项链时的思考与发现

2. 分析

在装饰项链的过程中，幼儿对用什么材料固定装饰进行了探究。因为材料的不同，固定的方法也不一样。一开始，幼儿遇到了困难，但经过与同伴的商量讨论，都一一解决，如小珠子可以用绳子穿过去，海绵纸可以当中间剪个洞穿过去，小纸条可以用胶水粘一粘。

此时，幼儿能够选用多种材料对项链进行装饰，在制作的过程中宛如创作一个有美感的小艺术品。

3. 支持与回应

由于每个小组选择的材料不同，幼儿在制作项链的过程有很多个性化的问题。在这个过程中，教师的反思比给予他们的支持更多。

（1）提供多样化的材料，增加自然物材料

由于教师给幼儿提供的材料大多是一些常见的美工区材料，如扭扭棒、小珠子、彩纸等，这很大程度上限制了幼儿的实践。对幼儿来说制作"树的项链"应该更多地使用自然物材料才是比较适合的。因此，如果再有机会进行这个项目活动，教师可以让幼儿去搜集自然物，而不是直接选用美工区材料来制作（详见活动推荐 4）。

（2）体验传统手工艺术

项链工艺其实是一件很古老的手工艺，邀请手艺人、艺术家来分享方法，能让幼儿理解传统手工艺、理解艺术，是一种更有效的文化探究方法。

六、项目成果

每一组的项链都制作完成了，幼儿欣赏各自的成果，眼里透着欢喜和骄傲。他们都很有成就感，想要来介绍一下自己制作的项链。同时，在这一次的合作中，他们也发现了队友们的闪光点，想要告诉大家他眼中的小伙伴有多棒……

项链评选

1. 观察与实录

各小组制作完项链后，幼儿向大家展示并介绍项链。大家开始评选自己最喜欢的项链和最佳队友（见图 3-2-10）……

思思："我喜欢这条项链，因为它的颜色很好看。"

雅婷："这条上面有好看的花，我觉得它最好看。"

小飞："这条项链上的吊坠用橡皮泥做蝴蝶，我很喜欢。"

图 3-2-10 项链成果展示

大宝： "这个花纹是有规律的，所以我觉得它最好。"

思思： "小仪在我们组里一直会帮助我，所以我选她是最佳队友。"

皓天： "小飞总是想到很多好办法，我觉得它很棒。"

浩浩： "肉肉装饰项链时带了很多好看的装饰品，我觉得她是很好的队友。"

大宝： "我觉得自己也很棒，因为我解决了很多困难。"

2. 分析

最后一个星期，我们进行了评选活动，活动中发现幼儿比较喜欢运用多种材料装饰的项链。

幼儿评选"最佳同伴"的理由多为：办法想得多、愿意帮助别人、愿意尝试探索等。幼儿喜欢多思考、行动力强的小伙伴。

这次评选是一次难得的幼儿民主评选，也促进了他们的自我反思，许多幼儿还告诉教师他们已经有新想法，想设计更好看的项链。

3. 支持与回应

教师将幼儿的作品陈列展出，开展了一个有仪式感的颁奖典礼，并举行了"给树戴项链"的小仪式，让幼儿按照小组分别给他们喜欢的树戴上项链，和大树合影。这也成为项目活动的高光时刻。

富有仪式感的收尾，让幼儿再次回顾了自己制作项链的过程，并欣赏了制作的成品。愉悦的过程有利于幼儿对项目活动进行梳理、整合。

 ## 七、项目反思

1. 给予幼儿时间，教师更退后一点

教师的回应更间接一些，行动更后退一点，支持更缓慢一点，才能给幼儿留足主动探索、独立思考、集体议事的空间。

当幼儿在项目探索初期遇到困难或产生分歧时，教师要尽量避免直接干预或包办，可以及时给予语言、动作或材料的支持，使幼儿始终保持探索的欲望，让探究活动持续有效地开展下去。

2. 相信幼儿有集体议事的能力，鼓励不同的声音

在项目开启后，幼儿形成小组，进行小组讨论和实践。我们发现他们在讨论中能充分表达观点，并通过实践、辩论等方式自行解决争议，提高了语言能力和思维能力。

3. 给予幼儿不断试错的机会，提高幼儿解决问题的能力

及时捕捉幼儿探究中的高光时刻，挖掘有价值的探究点。师幼共同寻找资源、创设环境支持幼儿持续探究。例如：幼儿在测量树围、装饰项链的过程中发现了很多问题，教师通过集体活动帮助幼儿了解自然测量和标准测量的方法。幼儿有了一定的认知经验和探究兴趣后，可以鼓励幼儿通过查阅书籍、视频资源等拓宽视角。考虑到幼儿之间的差异，可通过个别化活动、小组探究等给予幼儿深度学习的空间，让幼儿在反复试错、验证的过程中，去认识事物、尝试解决问题。在这样的探究过程中，幼儿可以慢慢形成良好的学习素养。

4. 探究过程中的情感教育，让幼儿感受爱、表达爱

活动过后，幼儿对幼儿园里的花草树木有了更多感情，他们开始用画笔记录他们喜爱的花草树木。教师更多地支持幼儿用他们所见、所闻、所听、所感来记录幼儿园的自然美景（见图 3-2-11 到图 3-2-14）。在探究过程中培养一个对自然有爱的人也成为我们课程中潜移默化的隐性目标。当了解到项链背后承载着一份爱，孩子们制作项链时也满怀一份希望，教师趁此创设机会让孩子们表达心中的爱。除了获得认知、情感能力等方面的发展，探究活动为幼儿向更高水平的发展打下基础。这也是孩子们在科学探究之中的另一种收获。

图 3-2-11　幼儿采摘园内的果树

图 3-2-12　师生进行园内植物写生 1

图 3-2-13　师生进行园内植物写生 2

图 3-2-14　师生进行园内植物写生 3

八、项目资源

相关资料

1. 绘本推荐：《树真好》（21世纪出版社，作者：[美]贾尼思·梅·伍德里），《小西有棵外婆树》（华东师范大学出版社，作者：张洁），《安的种子》（海燕出版社，作者：王早早）。

2. 纪录片推荐：《种出个地球》《花花世界》《食材花园》《花开中国》。

活动观察计划表、评价表、调查表

表 3-2-4　测量计划表

树木名称	测量方法	测量工具	测量结果

表 3-2-5　教师观察评价表

内容与要求	观察要点	水平表现一	水平表现三	水平表现五
对树木有强烈的探究兴趣，乐于选用多种材料进行尝试，并对出现的问题进行分析、解决	用一定的方法探究周围感兴趣的事物与现象	能用多种感官或动作探索事物，对结果感兴趣	能根据观察结果提出疑问，并运用已有经验大胆猜测	能用一些简单的方法来验证自己的猜测，并根据结果进行调整
	具有书面表达的愿望和初步技能	喜欢用简单的图画或符号表达一定的意思	能用图画和符号表达自己的愿望和想法	能用图画和符号表现事物或想法
有一定的沟通协作能力，遇到冲突和意见不一致时，能运用方法协调，提出解决方案	愿意用语言进行交流并能清楚地表达	愿意用语言表达自己的需要和想法，必要时辅以简单的动作和表情	能较完整地讲述自己的经历和见闻	能使用连贯、清楚的语言讲述自己的经历和见闻

（续表）

内容与要求	观察要点	水平表现一	水平表现三	水平表现五
能运用多种材料完成创作，具有一定的美感	具有艺术表现的兴趣	喜欢涂涂画画、粘粘贴贴等活动	喜欢运用绘画、捏泥、折纸等方式表现观察到的事物和自己的想象	乐于运用多种工具、材料或不同的表现手法来表达观察到的事物和自己的感受与想象
	具有初步的艺术表现与创造能力	能运用简单的线条和色彩大致画出自己喜欢的人或事物	能运用绘画、捏泥、折纸等方式表现观察到的或想象到的事物	能运用较丰富的色彩、线条、形状以及材质等表现自己观察到的或想象到的事物及感受

表 3-2-6 项链调查表

项链的照片	主人	长度（厘米）	材质	图符	寓意	关于项链背后的事

活动推荐

活动推荐 1 集体活动"树真好"

活动目标

1. 通过观察图片理故事内容，知道树的作用，感受故事中的美好意境。

2. 观察校园内的树木和周围的环境，记录树木的相关信息，萌发喜爱树木的情感。

活动准备

1. 经验准备：基于"有用的植物""春夏秋冬"等主题活动，对生活中花草树木的名称、特征有一定的了解。

2. 材料准备：绘本《树真好》、课件、树木照片、记录纸。

欣赏故事、知道树的一些作用，喜爱花草树木。

观察树木，能用多种方式记录，愿意分享梳理的信息。

一、谈话导入，引发生活经验

出示各种树的照片（公园里的树、小区的树、校园的树）。

关键提问：你们喜欢树吗？为什么？

小结：树在我们的生活中随处可见。我们可以在树下遮阳，树可以美化环境，看来树的作用真大！

二、欣赏故事，了解在树周围发生的事

1. 观察图片，说说和树有关的事情。

提问：你听到了哪些关于树的事情？

2. 自主阅读，了解树的作用。

关键提问：你看到了树的哪些本领？用"树真好……"来说说。

小结：树真好，孩子、老人、动物们能在树周围玩耍。

树真好，人们还能在树下乘凉。

树真好……树的作用可真不小。

3. 图符记录，梳理树的作用。

关键提问：看了这么多图片，你们心中的树都有哪些本领呢？（让我们画一画、说一说吧）

（1）幼儿进行图符记录，呈现在展示板上。

（2）鼓励幼儿用"树真好……"句式梳理表达。

小结：看到大家共同记录下来的信息，原来树可以给我们带来这么多的好处。

三、小组户外探究——你好，大树（了解校园内的树木）

1. 照片比对，信息采集。

（1）对园内树木的局部拍照，如树干、树叶、果实、周围环境等。

（2）每组选择一张照片，外出观察寻找对应的树木。

（3）对照照片采集树叶、花朵等，进行配对。

2. 小组记录树木相关信息。

用图符、图画等记录信息，如树的名称、树干的粗细、树叶的形状和颜色等。

3. 分享交流。

关键提问：

（1）你找到了什么？它是树的哪一部分？

（2）你们找到的树木长什么样子？它是什么树？叶子是什么样的？果实是什么样的？

（3）你喜欢这棵树吗？为什么？

四、延伸：把幼儿的记录装订成书——《树的故事》

活动推荐2 小组探究——比比谁最高

活动目标

使用不同的自然物来测量身高，并尝试与同伴比较身高。

活动材料

测量材料（砖块纸盒、薯片罐），记录本，自制小人，防爆镜子。

活动玩法

1. 使用不同的自然物和正确的方法进行测量，并简单进行记录。

2. 尝试与同伴比较，找找自己和别人身高的不同。

观察重点

1. 观察幼儿用自然物测量身高的方法，以及在记录过程中表现出的数、量概念水平。

2. 幼儿观察、比较自己与他人所测得的结果。

提示

1. 教师提供的自然物材料形状、大小相同，同时体积不宜过小，否则不能有效进行垒高测量，超出幼儿的计数与比较能力。

2. 在图示上应提示测量、比较的正确方法与规则（见图3-2-15）。

活动延伸

有了测量身高的经验后，可以鼓励幼儿在体检中尝试测量身体其他部位的数据（见表3-2-7和表3-2-8），并开始使用工具，如直尺、卷尺等测量工具。

图3-2-15 自制小宁身高筒

表 3-2-7　身高测量表

猜猜我有多高	
姓名	身高（厘米）

表 3-2-8　身体测量表

项目	图示	结果
头围		
胸围		
肩宽		
手长		
腿长		
脚长		
坐高		

活动推荐 3　亲子探究——项链的故事

活动目标

1. 通过观察项链，了解并梳理不同项链的材质、长度、寓意等信息。
2. 能自信讲述项链的故事，有装饰项链的兴趣。

活动准备

调查表。

活动过程

一、寻找家中的项链

1. 观察项链的形状、材质、颜色。
2. 幼儿结合观察表用图符记录。

二、采访家人项链的故事

采访题目：1. 这是谁的项链？是什么材质的项链？（金、钻石项链等）

2. 这条项链是什么时候买的？谁送的？

3. 你喜欢这条项链吗？为什么？

三、交流分享

1. 幼儿在园内和同伴分享自己的发现，了解项链的历史。
2. 幼儿带来项链实物或图片，讲讲项链背后的故事。

讨论：项链可以由哪些材料制作而成？项链的作用是什么？

项链可以在哪些场合佩戴？

通过讨论，幼儿了解项链的材料、长度及形状等外形特点。了解项链的功能及每一条项链背后的故事，对项链感兴趣。

3. 结合对项链的调查，引导家长帮助幼儿了解项链背后的文化和故事，帮助幼儿梳理表达。

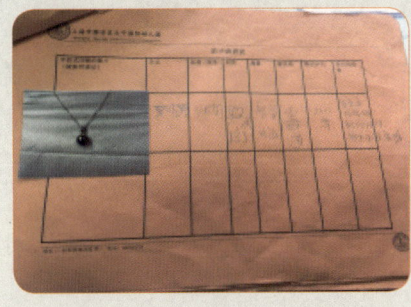
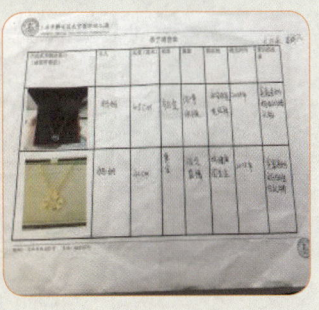

a　　　　　　　　　　　b　　　　　　　　　　　c

图 3-2-16　幼儿展示他们对项链的故事的调查和发现

活动推荐 4　小组探究——小小珠宝设计师

活动目标

1. 发挥想象，设计项链初稿。
2. 能选用多种材料，制作树的项链。

活动材料

刮画纸、小木棒、油画棒、彩色卡纸、扭扭棒、锡纸、小珍珠和纽扣。

活动玩法

1. 幼儿在刮画纸上设计项链，勾画项链形状、线条。
2. 按照设计，选用多种材料制作项链（见图 3-2-17）。

a　　　　　　　　　　　b　　　　　　　　　　　c

图 3-2-17　幼儿设计的项链

d　　　　　　　　　　　e　　　　　　　　　　　f

图 3-2-17　幼儿设计的项链（续）

观察重点

1. 观察幼儿设计项链的颜色、线条、花纹等。

2. 指导幼儿在设计项链时关注装饰物的对称、颜色的搭配。

3. 观察幼儿选择哪些材料制作项链。

项目 3
有趣的草木染

大班

　　自从幼儿园秋游去"黄道婆纪念馆"参观之后，扎染小组对传统植物印染产生了浓厚的兴趣。他们对馆内陈列的不同花纹的蓝印花布很着迷，特别是对蓝靛草这种原始颜料念念不忘。孩子们通过资料搜索了解到蓝印花布是一种工艺品，又称靛蓝花布，俗称药斑布、浇花布等，是中国传统的工艺印染品。其中镂空版白浆防染印花，距今已有一千三百多年的历史。

　　在了解这些植物印染的基础信息后，孩子们提出了很多问题，例如："我们可以从哪里找到蓝靛草？""蓝靛草真的能染出颜色吗？""染色有什么好方法吗？"带着这些最初的问题，扎染小组的成员开始搜集他们所需的材料与答案，尝试通过动手操作，染出颜色。于是，项目式学习探索活动正式开启了，孩子们能有更深入的发现吗？

二、项目流程图

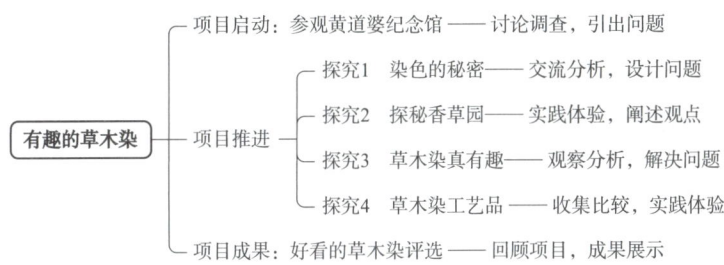

```
                    ┌ 项目启动：参观黄道婆纪念馆 —— 讨论调查，引出问题
                    │         ┌ 探究1  染色的秘密 —— 交流分析，设计问题
                    │         ├ 探究2  探秘香草园 —— 实践体验，阐述观点
有趣的草木染 ─────┼ 项目推进 ┤ 探究3  草木染真有趣 —— 观察分析，解决问题
                    │         └ 探究4  草木染工艺品 —— 收集比较，实践体验
                    └ 项目成果：好看的草木染评选 —— 回顾项目，成果展示
```

三、目标与要求

　　① 观察、比较布料花纹和颜色的不同，能寻找自然材料，积累为布料上色的相关经验。

　　② 通过思考、计划、合作、反思等主动学习和持续探究，提升审美情趣和创造能力。

四、项目启动

1. 环境与资源

（1）环境

① 了解并认识小花园、香草园、小树林里的自然植物，知道它们的名字，关注植物本身的颜色。

② 师幼共同收集能"出色"的植物，丰富扎染小组的实验材料。

（2）资源

服装小调查：观察家中的各种服饰，看一看、摸一摸衣服的不同颜色、材质、触感等；了解不同类型衣服的颜色，如深色浅色的对比以及不同花色的布料等；你最喜欢的服装花纹是什么样子的？（画一画）

2. 关于染色的讨论

① 信息搜索：颜色是怎么来的？布料的染色特点（花纹）是什么？哪些材料能上色？

② 实地调查：参观和衣文化相关的博物馆、展馆等。如展览：迪奥（Dior）梦之设计师展览、黄道婆纪念馆。

3. 提出驱动性问题

① 衣服的颜色是怎么来的？

② 蓝印花布是什么样的？

③ 哪些植物可以"出色"？

④ 植物、花朵能染出不一样的颜色吗？

五、项目推进

探究 1　染色的秘密

幼儿平时的生活里没有过多接触染色的机会。在水墨画小社团同伴的启发下，他们决定用蓝色的颜料尝试制作。

1. 观察与实录

> 小黄：那么画在哪里呢？
>
> Elsa：我们想画在纸巾上。
>
> 于是，他们卷起袖子，蘸上蓝色颜料，开始了首次尝试。过程中，幼儿非常认真，也很投入，小组成员们一人一张纸，但是没过多久，孩子们发现了一个问题，蘸了水的笔，一不小心就把纸巾弄破了，再好看的图案花纹都无法长时间地保存。

于是孩子们先把首次尝试的作品保留下来，作为他们尝试的第一步（见图 3-3-1、图 3-3-2）。

与此同时，我们也以集体教学活动的方式激发了幼儿对于植物拓印的兴趣（详见活动推荐 1）。

图 3-3-1　孩子们在尝试模仿蓝印花布

图 3-3-2　幼儿制订计划

2. 分析

孩子们自发组成了"染色小组"，通过讨论，设计了一张调查小问卷，准备通过采访家人，查阅相关视频资料，了解染色的步骤和方法有哪些。

纸巾的使用，使幼儿考虑到染料在不同材料中的呈现形式与保留的完整度，于是孩子们开始了讨论：我们可以用什么来保住颜色和花纹呢？

3. 支持与回应

（1）完全按照自己的兴趣分组

孩子们的思维状态相较之前已经主动了很多，作为教师，我们要根据幼儿的实际情况进行分组，从幼儿的兴趣、学习水平、性格特征等综合考虑，让幼儿在小组内更加熟悉，生生互动，从而促进他们之间的交流与合作。接下来教师将鼓励幼儿寻找生活中的颜色，以亲子探究的方式，找到更多的颜色，充分展示家园互动式活动的价值和意义。

（2）主体性得到发展

在项目式学习活动中，幼儿的主体性得到了很好的发挥。没有教师的束缚，整体的学习环境非常轻松，幼儿在这样的环境中更加独立，有什么想法都能够勇敢地提出来，这些都有助于促进幼儿独立性的养成。

探究 2　探秘香草园

带着和伙伴的调查表，孩子们来到了幼儿园的秘密花园——香草园……

1. 观察与实录

孩子们在小宁香草园、小宁小树林、小宁小花园里寻找、收集了各种适合草木染的材料（见图3-3-3）。

依依在小宁小花园里收集了鼠尾草、一串紫、五色梅等有颜色的花朵（见图3-3-4），小付则是在小宁小树林里发现了很多绿色的树叶，小小在香草园找到了有味道的薄荷、香菜和迷迭香，准备用来做草木染。小组成员也很积极地收集材料，想要参与草木染。

依依："怎么提取这些植物里的颜色？"

小房子："怎么把这个花印到布上呢？"

小付："我们可以把花放到布上，然后用小石头捶，把颜色印上去（见图3-3-5）。"

依依："敲得我手都酸了。"

小房子："哇，快看，图案出来了。"

依依："真的可以啊。"

（详见活动推荐2）

图3-3-3 孩子搜集的材料

图3-3-4 依依搜集鼠尾草

图3-3-5 用橡皮锤、石头锤提取植物的颜色

2. 分析

在草木染的过程中，幼儿开始探究怎么提取颜色。因为材料的不同，染色的方法不一样。一开始，幼儿遇到了困难，但经过同伴的商量讨论，都一一解决。如对于怎样既能提取花

朵的颜色又能呈现花朵的形态,孩子们想到了植物拓印。

此时,幼儿能够选用多种材料对布料进行染色、美化了,仿佛在制作一件工艺品。

3. 支持与回应

① 在草木染活动中,通过观察、比较、探究染色材料和提取方法之间的关系,教师引导孩子们养成细心、专心、耐心、坚持、不怕困难等学习品质;在解决问题、调整染色过程中,孩子们逐渐会倾听、懂尊重、肯接纳、善合作。

② 这次小组探索之所以能够成功,源自孩子们对草木染的执着,源自孩子们在遇到困难时齐心解决问题的精神,也源自教师提供的帮助与支持。接下来,孩子们和"草木染"之间还会发生哪些故事呢?他们还会有哪些奇思妙想呢?

探究 3   草木染真有趣

经过上次的讨论计划后,孩子们将"草木染"实验所需的材料都带来了。这次,他们要开始试验了……(详见活动推荐 3)

1. 观察与实录

第一次

孩子们用手捏碎草莓,获得染色所需的草莓汁,然后将小布料放进草莓汁里,待布料吸干草莓汁后打开(见图 3-3-6)。

思齐很着急:"草莓带得太少了,现在该怎么办?"(见图 3-3-7)

小首首:"没事,我带了橘子,我们不如再加入一些橘子汁,红色、橙色加在一起应该也好看的。"

于是小伙伴们又开始榨取橘子汁,这次榨完汁他们没有把布料直接放进去,而是找来了毛笔,用毛笔来给外圈染色(见图 3-3-8 和图 3-3-9)。

小敏很激动:"看,我们这块布有两种颜色,还有点晕染的效果呢!"(见图 3-3-10)

第二次

怎样获取花瓣的颜色进行染色实验呢?

草木染小组的实验还在继续,今天孩子们准备选择花瓣进行染色。

麦昆带来了粉色的百合花:可是怎么把花瓣的颜色染到布上呢?

涵涵突然想到了方法:"以前我们在中餐馆做五彩汤包的时候,我们用过一个石头的东西榨汁,我们可以去同小溪老师借下这个工具。"

孩子们借来了石臼,将花瓣摘下来放进石臼开始捣碎、榨汁。过了五分钟,花瓣已经被捣烂了,可是也没看到花瓣汁,这可怎么办?

思齐:"把布放进石臼继续捣,说不定颜色就能染上去。"

涵涵听取了小伙伴的意见,把布放进了石臼,开始了"染色",不一会白色的布上就有了百合花的颜色。

　　分享环节，涵涵说道："我们发现粉色百合花染出的布不是粉色，而是土黄色，我们用花瓣染的布上还有淡淡的花香，相信这种布做出来的衣服大家一定会喜欢的。"（见图3-3-11）

第三次

　　将水果布、花朵布、菠菜布、彩虹糖布放进水里漂洗，观察是否褪色。

　　今天孩子们要做的是将之前草木染的布放进水里进行清洗，看看哪种植物或者水果适合进行草木染。约夏把布放进清水里进行漂洗，然后将布拧干，观察颜色的变化。

　　麦昆："我们发现水果布和花朵布放进水里清洗，拿出来后没有变色，水还是很干净。"（见图3-3-12）

　　涵涵："菠菜布只褪了一点点颜色，布还是比较绿的。但是彩虹糖布褪色比较严重，几乎全部褪掉了，说明彩虹糖不适合染色。"（见图3-3-13）

图3-3-6　用布料吸收草莓汁

图3-3-7　发现着色不均匀

图3-3-8　加入橘子汁，并
用毛笔给外圈染色1

图3-3-9　加入橘子汁，并
用毛笔给外圈染色2

图3-3-10　第一次
的晕染成果

图 3-3-11　尝试用花瓣进行染色

图 3-3-12　将布放在清水里漂洗，拧干并
观察布的变化

图 3-3-13　不同原材料染出的不同效果

2. 分析

　　幼儿观察发现草莓汁太少，导致布料着色不均匀，只有内圈有颜色，外圈没有。经过小组探究、反思，尝试用不同方式进行解决，利用其他材料"毛笔"，将染色进行到底。

　　同时，利用之前的项目式学习经验，孩子们考虑了将石臼的使用方法和现有的材料进行结合，会迁移，会思考，会尝试，从而再调整，这就是项目式学习给幼儿带来的价值。

　　同伴之间能倾听和接受别人的意见，大胆尝试新方法解决问题。"百合花"染出的实际颜色原来不是粉色的，这是幼儿在通过操作后得到的发现。在之前草木染的基础之上，幼儿尝试发现自己的成果是否有褪色，发现浸过菠菜布的水比较干净，说明褪色情况还好，相比之下，彩虹色的布则褪得比较多。幼儿在自己的亲身操作下，对适合扎染的材料做了一轮筛选。

3. 支持与回应

（1）创设环境，体现幼儿学习轨迹，促进幼儿继续探究的兴趣

教师把幼儿近阶段的探究过程和成果呈现在展板上，让其看到自己学习的轨迹，不断调整、变化和反思，很有成就感。

（2）收集更多的草木染的材料，供幼儿探究提色

适合草木染的材料有很多，植物、花朵、水果……只要有颜色的东西都可以用来提取颜色。教师可以鼓励幼儿在幼儿园里寻找"出色"的植物进行草木染。

（3）创设机会让幼儿展示成果

提供展示区，能够让幼儿的作品有个陈列的区域，满足幼儿欣赏和展示的愿望。

探究 4　草木染工艺品——制作小老虎

结合即将到来的传统生肖年——虎年，幼儿园迎来了黄道婆纪念馆的馆长，她带来了染料、布料，为孩子们传授蓝染技艺（详见活动推荐4）。还利用棉花塞进布老虎的"肚子"，使其"虎虎生威""鼓鼓囊囊"。

1. 观察与实录

> 幼儿仔细观察了馆长带来的染料，说："这个味道好重啊（见图3-3-14）。"
>
> 馆长："因为里面我们放了很多不同的原材料，还有很重要的蓝靛草（见图3-3-15）。"
>
> 幼儿："哇，真棒，我也想试试看。"
>
> 馆长："今天请你们把棉花塞进小老虎的肚子里吧。"
>
> 幼儿一个个抓起棉花，不断地往小老虎肚子里塞，不一会一个个造型各异的小老虎就出现了（见图3-3-16）。有孩子提出："老师，小老虎没有脸，我给它画一下。"说着，孩子们开始画虎点"睛"，有的用纽扣当作老虎的眼睛，有的用扭扭棒给老虎系了条"新年围脖"，造型各异，栩栩如生。

图3-3-14　幼儿与原材料的近距离互动　　图3-3-15　馆长介绍原材料　　图3-3-16　为小老虎"塞棉花"

2. 分析

这次活动带领幼儿，通过"扎""塞"制作布老虎，感受中国传统手工染色技术，了解了传统蓝染的技艺和原材料。同时，结合主题活动"纽扣的秘密"，幼儿想到用纽扣再装饰，为老虎增加了一份"生命力"。

从中教师了解到了幼儿对染料来源和上色方法的掌握情况，他们会尝试利用橡皮筋扎住布料的不同位置，从而染出不同花纹和图案。

3. 支持与回应

（1）在项目式学习方式的支持下，可以看到教师不再是"教"幼儿学习，而是整合资源和幼儿一起学习，让幼儿学会学习。虽然他们的研究还处于起步探索阶段，但能启发教师进一步反思幼儿学什么、怎么学的问题，进而深刻理解幼儿的学习方式和特点。在这个过程中，教师与幼儿共建主题墙面，将幼儿的探究过程逐一记录保留下来，既丰富了探究的情境，又保持了幼儿的兴趣。

（2）重视在小组合作学习活动中引发幼儿进行探究性学习，让幼儿养成主动发现问题、分析问题、解决问题的良好习惯。

六、项目成果

最后一个星期，我们利用小宁小树林这一户外环境，布置了一个草木染作品展，然后进行了评选活动（见图3-3-17）。我们发现幼儿比较热衷于探秘香草园，喜欢利用香草园的植物进行染色。

图3-3-17 草木染作品展

好看的草木染评选

1. 观察与实录

默默："我喜欢这块手帕，它的颜色很特别。"

小小："这件衣服上的图案是扎染上去的，有深有浅。"

西西："我刚刚闻到这块布上有薄荷的味道，闻上去凉凉的。"

乐乐："这块布上的图案像一只蝴蝶，它是用我们小花园里的花朵印出来的，很美（见图3-3-18）。"

图3-3-18 幼儿欣赏草木染展并与同伴讨论

依依："我最喜欢有树叶图案的布料，我要给它贴上一张小宁贴纸（见图3-3-19）。"

好看的草木染

图 3-3-19 投票照片

2. 分析

幼儿评选"最佳作品"的理由多为花色好看、颜色独特、染色的方法、具有香味等。这次评选是一次难得的幼儿民主评选，也促进了他们评价同伴的能力，许多幼儿还告诉教师他们已经有新想法设计更好看的草木染。

教师将幼儿的作品陈列展出，举行了"好看的草木染"颁奖仪式，非常有仪式感。还利用贴纸引导幼儿分别给他们喜欢的作品投票，这也成为项目活动的高光时刻。

富有仪式感的收尾，让幼儿再次回顾了整个项目的过程，并欣赏了制作的成品。这愉悦的过程有利于幼儿对项目活动的梳理，也是一次思维的整合。

3. 支持与回应

（1）搭建展示平台——根据幼儿的实际情况进行分组

支持幼儿成为活动的主体。采用评选的形式，从幼儿的视角出发，支持幼儿自己寻找答案，大胆表述喜欢的理由。

（2）尊重民主评价——选举投票

请幼儿找到自己最喜欢的作品。在这其中，幼儿的主体性得到了很好的发挥，没有教师的限制，整体的学习环境非常轻松，幼儿在这样的环境中更加独立，有什么想法都能够勇敢地提出来，有助于独立性的养成。

 七、项目反思

本次探究项目，通过带领孩子们参与、体验各种探究活动，比如"探秘香草园""草木染真有趣"等，让孩子们感受到大自然的神奇之处，孩子们会把各种染色植物收集起来，并尝试各类染色活动。他们发现，水质、温度、布制材料的不同，以及染色时间的长短都会造成染出的颜色有深浅变化，这些变化使幼儿对于染色的结果总是充满着期待。当结果与之前预测的不同时，幼儿的好奇心和求知欲会被激发出来，并且对活动始终保持高度的热情与兴趣。这些尝试带来的颜色变化，让孩子们更加热爱我们的幼儿园，更加愿意亲近自然。这就是大自然的魔法，这也是草木染的魅力。

教师作为观察者，要密切观察幼儿在这一学习方式中的行为表现、参与程度；教师也是支持者，要支持幼儿的提问和发现，支持幼儿自己寻找答案的方式；教师更是幼儿的鼓励者，要鼓励幼儿了解、搜集、对比各类探究行为，这有助于促进幼儿思维能力的发展，形成良好的学习品质。

八、项目资源

相关资料

1. 绘本推荐：《阿利的红斗篷》（少年儿童出版社，作者：[美]汤米·狄波拉），《彩虹色的花》（二十一世纪出版社，作者：[美]麦克·格雷涅茨），《蓝花坊》（明天出版社，作者：保冬妮）。

2. 视频推荐：纪录片《色彩的奥秘》《手工云南——草本物语》《布衣中国》。

活动评价表

表 3-3-1　"有趣的草木染"教师、家长观察评价表

内容与要求	观察要点	水平表现一	水平表现三	水平表现五
观察、比较布料花纹、颜色的不同，能寻找自然材料，积累为布料上色的相关经验	感受自然界与生活中美的事物	喜欢观赏花草树木、日月星空等大自然中美的事物	在观赏大自然和生活环境中美的事物时，能关注其色彩、形态等特征	喜欢收集美的物品或向他人介绍自己所发现的美的事物
	感受多种多样的艺术形式和作品	喜欢观看绘画、泥塑、剪纸等不同形式的艺术作品	愿意参加美术、音乐、儿童文学等艺术欣赏活动，欣赏艺术作品时能产生相应的联想和情绪反应	能和他人分享、交流自己喜爱的艺术作品和对作品的体验
通过思考、计划、合作、反思等主动学习和持续探究，提升审美情趣和创造能力	用一定的方法探究周围感兴趣的事物与现象	能用多种感官或动作探索事物，对结果感兴趣	能根据观察结果提出疑问，并运用已有经验大胆猜测	能用一些简单的方法来验证自己的猜测，并根据结果进行调整
	具有自尊、自信、自主的表现	乐意接受一些小任务	喜欢承担一些小任务，并尝试做简单的计划	敢于尝试有一定挑战性的任务，能设法努力完成自己接受的任务

活动推荐

活动推荐 1　集体活动"植物拓印"

活动目标

1. 了解植物拓印的方法，通过对不同叶形的观察与组合，进而与不同的事物进行奇妙的联想。

2. 通过欣赏与制作活动，体验美术创作的乐趣。

活动准备

1. 视频：《植物拓印》。

2. 物质准备：树叶、花瓣、白色 T 恤、鹅卵石、透明胶带等。

活动过程

一、欣赏植物、激发兴趣

1. 欣赏植物：说说你最喜欢哪个植物？喜欢它什么？

2. 设疑激趣：怎样把这些好看的植物变成衣服上的花纹呢？

二、观看视频、了解植物拓印的方法

1. 播放视频，了解扎染的基本步骤与方法。

2. 讨论：如何进行扎染呢？

选择材料—摆出造型—固定—敲击—晾干。

三、观察材料、幼儿操作

1. 幼儿根据自己的想法进行组合摆放。

2. 在拓印的过程中，教师需不断巡回指导。

3. 欣赏拓印作品：说说你设计的思路和你的想法。

活动延伸

将拓印好的衣服投放进"小宁衣帽间"，幼儿可自由选择衣服进行走秀展示活动。

活动推荐 2　小组探究——好玩的颜色

活动目标

分析颜色的来源以及染色的方法。

活动材料

幼儿收集的树叶（见图 3-3-20）、石臼、温水和记录纸等。

活动玩法

使用不同的树叶利用石臼捣碎后，观察树叶汁水的颜色，并简单进行记录（见图 3-3-21）。

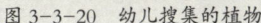

图 3-3-20　幼儿搜集的植物

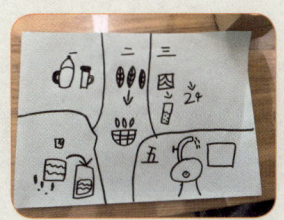

图 3-3-21　小组计划

观察重点

1. 观察幼儿对树叶进行分解的方法，以及在记录过程中表现与表征的水平。
2. 幼儿观察并与同伴比较，发现各种树叶碎经过浸泡后颜色的不同。

提示

1. 教师提供相对安全的实验器材，比如石臼、温水（教师陪伴操作）。
2. 引导幼儿及时用自己的表征方式记录树叶颜色的呈现。

活动延伸

可以鼓励幼儿记录用不同植物提取的颜色，并思考能否进行颜色的结合。

活动推荐 3　小组探究——出色的植物

活动目标

认识天然染料，体验植物染色法。

活动材料

小宁小花园、香草园等各色的植物根、茎、叶、果实、石臼、温水、记录纸等。

活动玩法

利用天然植物染料给纺织品上色。从小宁香草园、小宁小花园中采集来的花果的根、茎、叶、皮中提取颜色，经过一定的加工完成草木染作品（见图 3-3-22 到图 3-3-25）。

图 3-3-22　幼儿采集出色的植物 1

图 3-3-23　幼儿采集出色的植物 2

图 3-3-24　利用石臼提取植物的颜色

图 3-3-25　在手帕上摆出喜欢的图案

观察重点

1. 幼儿能运用多种感官动手动脑、探究问题，有好奇心和求知欲。

2. 从植物的根、茎、叶和瓜果中提取草木染所需的"染料"，在制作完成后对作品进行"彩绘"和"扎染"装饰。

提示

1. 教师提供有针对性的指导。

2. 引导幼儿及时用自己的表征方式记录树叶颜色的呈现。

活动延伸

幼儿运用草木染方法设计自制草木染手帕、小布袋、值日生标志或运动材料(抓尾巴)等。

活动推荐4 个别探究——小小扎染师

活动目标

尝试利用植物进行草木染，感受扎染的乐趣。

活动材料

1. 幼儿在园内收集的各色植物、石臼等。

2. 幼儿在园外与家长共同参与的染色活动。

活动玩法

1. 利用石臼将植物捣碎，观察其汁水的颜色，并简单进行记录。

2. 尝试利用这些出色的植物扎染出桌布、衣服等作品（见图3-3-26）。

图3-3-26 和朋友一起扎染新衣

观察重点

1. 观察幼儿在扎染过程中使用的植物以及扎染的手法。

2. 鼓励幼儿尝试制作出各种扎染作品。

提示

在"快乐星期天"活动中推荐家长带领孩子参与、体验扎染活动，感受扎染的乐趣（见图3-3-27）。

图3-3-27 和妈妈一起扎染桌布

主题 **4**

小宁的幼儿园——我们爱生活

  在"小宁的幼儿园"主题下所列举的案例均来自大班。我们欣喜地看到大班幼儿在经历三年幼儿园生活后，更有小主人的意识，在幼儿园一日活动中他们有参与权、决策权，同时"探究"已然成为他们的学习常态。

项目1
我的一天我做主

大班

一、项目缘起

2020年，突如其来的新冠肺炎疫情（以下简称"疫情"）扰乱了原本平静的生活，"居家"变成了很多人的必然选择，家庭成了群防群控的主战场。在此期间，我们通过线上互动与孩子共同分享居家生活，收集孩子的居家问题。

6月，孩子们终于迎来了盼望已久的开学日，在回归集体生活后，我们发现孩子们逐渐出现专注力下降、视力减退、运动兴趣降低等问题。同时，我们不断收到来自家长的短信："老师，什么时候放暑假？""暑假后正常开学吗？""暑假在家可以做些什么呢？"这一切让我们看到家长对即将面临的暑假生活的紧张和焦虑，也让我们看到了基于疫情背景下珍贵的教育契机。

为此，我们通过线上线下的家园互动，以"疫情防控期间，如何安排好自己的居家生活？"为主题，引导家长与幼儿共同参与"自制作息计划"家园项目探究。在短短一个月的时间里，通过家园共同设计安排有规律的一日作息，帮助幼儿养成良好的生活习惯，也为即将到来的暑假做好准备。

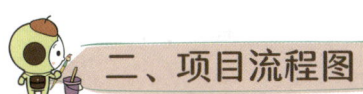

二、项目流程图

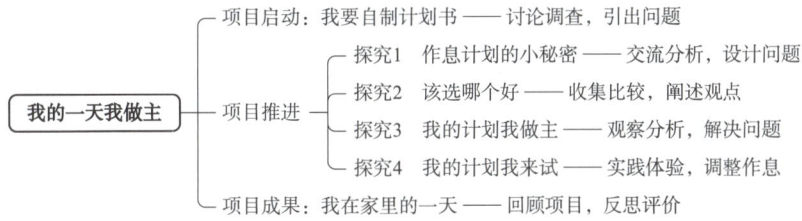

我的一天我做主

- 项目启动：我要自制计划书 —— 讨论调查，引出问题
- 项目推进
  - 探究1　作息计划的小秘密 —— 交流分析，设计问题
  - 探究2　该选哪个好 —— 收集比较，阐述观点
  - 探究3　我的计划我做主 —— 观察分析，解决问题
  - 探究4　我的计划我来试 —— 实践体验，调整作息
- 项目成果：我在家里的一天 —— 回顾项目，反思评价

三、目标与要求

① 乐于主动设计、安排自己的一日作息，并尝试丰富、调整一日作息。

② 体验作息规律带来的变化和好处，形成良好的日常生活习惯。

③ 对自制作息计划的过程保持浓厚兴趣，专注认真直至任务完成。

四、项目启动

1. 环境与资源

① 给予孩子一个安全、宽松、自主的居家环境，可为幼儿划分一个相对独立的空间，供幼儿结合作息内容进行自主活动。

② 与孩子共同参与家中物品的整理，引导幼儿观察、熟悉、了解家中各类生活物品的摆放。

2. 田野调查

① 推荐亲子共同绘本阅读、观看视频，组织幼儿对"我的居家生活"话题进行讨论：疫情期间，你在家里是怎么过的？

② 收集来自家长对孩子居家生活情况的调查：孩子居家一天的生活，你满意吗？有哪些困惑？需要哪些指导？

3. 提出驱动性问题

一场源于居家生活安排的探究开始了，我们共同筛选出幼儿最感兴趣的 3 个问题开启了探究之旅：

① 你是怎么安排在家里的生活的？

② 你最喜欢在家里做哪些事？

③ 怎样的作息更健康？

五、项目推进

探究 1　　**作息计划的小秘密**

1. 观察与实录

围绕作息计划的设计，我们在班级开展了一次小讨论……

教师："你们知道什么是作息时间表吗？"

心心："是一张填满格子的表。"

强强："几点钟做什么要把它都画出来。"

峰峰："就是告诉我们什么时候要做什么事情。"

教师："你们希望每天安排些什么活动呢？"

西西："可以去公园吗？我想玩滑梯。"

阿诺："我想去博物馆。"

林林："我要住酒店，在酒店里玩水。"

……

2. 分析

孩子们对"作息计划"有初步的概念，但就作息安排的具体内容，如安排什么、怎么安排、为什么安排不是很清晰。

究其原因，作息安排设计的价值更多地需要直面孩子的真实问题和困惑。因此，关于"作息计划"的概念，教师认为有必要让孩子们知道，为制订一个属于自己的"居家作息计划"做好准备。

3. 支持与回应

让家长一起参与探究活动对营造家园共育的氛围来说无疑是一次很好的契机。教师基于幼儿年龄特点对其探究式活动的指导，能帮助家长充分了解并发挥家庭教育的作用，提高家长的教育能力，形成幼儿园、家庭和社区共育的大环境，进而建立合作、和谐、一致、互补的关系。

因此，教师为家长提供了绘本《时钟国王》（见图4-1-1），请家长和孩子一起阅读，并讨论什么是作息计划。

图 4-1-1　绘本《时钟国王》内页

在亲子共读的基础上，家长可以与孩子展开谈话：

① 关于时间：你知道什么？你想知道什么？你需要知道什么？你通过哪些办法知道了这些？你感受到了什么？你有哪些疑惑？

② 仔细思考：疫情对你、我、他、它产生了什么影响？对我们设计作息计划产生影响了吗？产生了哪些影响？因为这些影响，需要在暑假的作息计划里安排哪些内容？

于是，在家园携手中，一场关于"作息计划"的亲子谈话开始了。过程中，家长带着问题尝试深入询问，以孩子的话为线索，了解孩子的困惑、理解孩子的需求，为更好地制订一份合乎每个孩子个性的作息计划做好准备。

探究 2　该选哪个好

带着上面的问题，孩子们和爸爸妈妈们展开了讨论与实践，通过网络、书籍等查找和收集不同种类的作息，并结合自己的需求展开亲子对话。

1. 观察与实录

心心妈妈的话：

我和心心通过网络共同收集了许多作息计划的图片，有卡通的、纯文字的、图片加文字的等。心心兴奋不已，却也有些眼花缭乱，不知该选哪个作为设计作息计划的参考。

网络上丰富的资料让我们大开眼界（见图 4-1-2 到图 4-1-5），虽然我在一旁指导心心，但也有些束手无策。对于上大班的幼儿，如何帮其来筛选这些信息，寻找出最有意义和价值的线索呢？我不禁有些疑惑。

图 4-1-2　卡通作息表　　图 4-1-3　标记式作息表　　图 4-1-4　时刻表　　图 4-1-5　纯文字式作息表

2. 分析

这段文字来源于心心妈妈撰写的一份家长学习故事，通过对故事的解读，教师产生了一些思考：

对于纷繁的信息，良好的信息搜索、分析和判断能力可以说是独立思考的前提。面对种类繁多的信息和材料，家长需要引导孩子站在不同视角来看问题，围绕"寻找适合自己的作息计划"话题帮助孩子主动思考，对网络上不同的作息计划进行比较、筛选，找出它们的优点，阐述它们不适宜纳入自己计划的原因，避免认知的单一性。

3. 支持与回应

鉴于以上情况，教师为家长提供了一份阐述及支撑自己观点的评价表，鼓励家长与孩子共同比较网络上搜集的一些作息计划，通过亲子互动，以简单的图文记录来表达自己对不同作息计划的感受。在家长的引导下，孩子通过识别、对比、筛选不同作息计划的优缺点，梳理了自己心目中作息计划的关键要素，并努力用证据来支撑自己的观点，具体如表 4-1-1 所示。

表4-1-1　作息计划记录表

参考材料	优点	不足
时钟作息表	造型可爱、有趣味	幼儿辨认整点、半点有难度
纯文字式作息表	老师、家长能对作息内容一目了然	幼儿识字困难，对作息内容一知半解
标记作息表	便于幼儿自主记录	无

在之后的亲子探究中，孩子在家长的陪同和引导下跃跃欲试，对如何选择适合自己的参考材料也有了一些尝试和收获。

例如：心心和妈妈从网上搜集到了卡通、纯文字、时刻表、标记式四种不同类型的作息计划，在和妈妈的交流中心心找出了这些作息计划的优缺点：卡通作息计划是心心最喜欢的，几乎没有任何缺点；纯文字的作息计划只能给大人看，因为小朋友不识字；时钟式的作息计划排列清晰，但在制作前先要学习认识时钟；标记式作息计划可以用打钩、五角星等标记来代表做过的事，但可能需要爸爸妈妈的帮助才能完成。最终，心心决定参考卡通作息计划的样式来制作属于自己的作息计划（见图4-1-6）。

图4-1-6　心心和妈妈共同制作的作息计划评价表

于是，班中更多的孩子和家长也逐渐尝试依托评价表，筛选、梳理收集来的作息计划，并着手将合适的元素纳入自己制订的作息计划。

探究 3　我的计划我做主

有了前期作息计划的收集和整理，孩子们开始跃跃欲试，在爸爸妈妈的引导和支持下初步制订了作息计划。我们发现，孩子们的创造力、探究力真是不同凡响，每个孩子的作息计划都各有特色。

1. 观察与实录

第一组：
芃芃在妈妈的引导下用数字代表星期和活动时间，并用简单的图画表达每天的安排（见图4-1-7）：篮球、弹琴、搭积木，形式多样，内容丰富。但是，每当一个活动内容到点了，芃芃都需要妈妈提醒。1小时究竟有多长？不认识时钟怎么办呢？芃芃也有些犯迷糊了。

第二组：

滢滢将每日活动时间划分为上午、下午、晚上三个时间段（见图4-1-8），除了常见的活动内容之外，还增加了一周一次的游泳（已用红色圈出）活动，充满了浓浓的夏日气息。难道一上午只做一件事吗？什么时候开始？什么时候结束？怎样才能看懂时钟上的时间呢？滢滢有些困惑。

第三组：

诚诚用照片和文字直观呈现了每日活动安排（见图4-1-9），用数字代表时间，将一天划分了三个时间段。作息内容中增加了吃饭、午睡等生活环节。内容呈现的方式形象清晰、活动领域较完整、齐全。诚诚也无法将作息计划上的时间与时钟进行对应，这是一个让人头疼的问题。

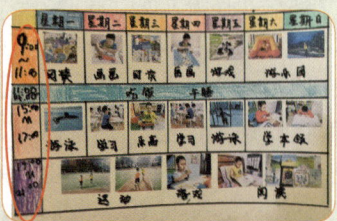

图4-1-7 芃芃和妈妈共同制　　图4-1-8 滢滢和妈妈共同制作　　图4-1-9 诚诚和妈妈共同制作的作
　　　作的作息计划　　　　　　　　的作息计划　　　　　　　　　息计划

2. 分析

通过解读三组孩子设计的作息计划，教师发现孩子对作息计划的结构已经有了非常清晰的认识，包括：

- 能用简单的图画或照片呈现每日的活动内容。
- 内容设计上凸显夏天的季节特征。
- 理解序数的含义，能用数字表示，并会写上星期。

在共同讨论和分享中，孩子又发现了问题：不认识时钟怎么办呢？

对于大班孩子来说，精确地认识"钟表"并不是衡量孩子是否认识时间及其时间观念的标尺。孩子良好时间观念的关键经验包括对时间的认知、准确的时间感知与概念、惜时守时的观念以及时间管理意识等。结合大班孩子具体形象思维的特点，我们可以通过更直观的方式来引导他们感受时间的流逝和变化。

3. 支持与回应

教师为家长提供了以下内容，帮助家长在家庭中支持幼儿养成良好的时间观念。希望幼儿不仅能认识时钟，也能更好地感知、把握和分配时间，养成有规律的生活习惯，以及守时、节时的好习惯。

（1）提供绘本《揭秘时间》

通过亲子阅读，幼儿了解时间的变换，感受时间对生活的重要性。（见图 4-1-10）

图 4-1-10 绘本《揭秘时间》

（2）亲子共同寻找、搜集家中合适的计时工具

计时工具包括沙漏、闹钟、电子时钟、智能机器人等。可尝试在一日活动中的某一个环节使用计时工具，如吃饭、玩耍等，形成日常生活的秩序感。

（3）在园内提供各类计时工具，通过小组探究了解它们的使用方法

有了对时间管理的感知和经验，孩子们对照自己的作息计划进行了调整，并着手结合作息计划的制订来了一场"初体验"。这又会带来哪些惊喜呢（详见活动推荐 1）？

探究 4 我的计划我来试

实践是检验真理的唯一标准，孩子们制订的作息计划是否合适？能否按计划来合理安排自己一天的生活呢？于是，孩子们根据自己的作息计划开始了实践。

1. 观察与实录

某一天，一张特别的作息计划引发了孩子们的讨论（见图 4-1-11）：

看着这张作息计划，教师提问："莹莹拍完皮球就睡午觉了，对身体好吗？怎样才能知道自己的计划是否可行呢？"

大家陷入了沉思。

小宝："拍完皮球就睡不好。幼儿园里运动完会休息会再上课，我们在家里运动完也该做些安静的事情再睡觉。"

心心："我的作息计划里睡觉的时间和幼儿园的一模一样。"

于是，心心找来了幼儿园的作息，大家围在一起比一比、看一看，分享了自己的感受（见图 4-1-12）。

晨晨："你们看，幼儿园里午睡要很久呢。"

西西："我的和幼儿园的不一样，我不爱睡觉，但爷爷奶奶要睡觉的，所以午睡的这段时间我就画画、做手工，不给他们添麻烦。"

枫枫："我的和幼儿园也不一样，爸爸妈妈都在家，我还专门留出时间邀请他们和我一起玩呢（见图4-1-13）。"

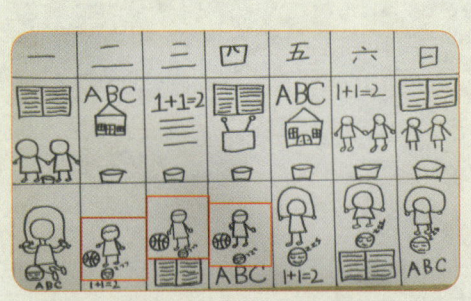

图4-1-11 莹莹的作息表

图4-1-12 幼儿园的作息表

图4-1-13 和爸爸妈妈一起做事情或游戏

2. 分析

孩子们的对话带给了教师很大的触动：他们能对幼儿园、家庭两种不同的作息计划进行比较、连续的观察，大胆猜想，主动探究，关注到了活动与活动之间的衔接，懂得"动静交替"的内容安排能给身体带来好处。

于是，教师在园内陆续提供了幼儿园作息表、时钟、记录纸等，鼓励孩子通过个别化学习活动了解幼儿园和家庭作息在时间、内容安排上的差异，并尝试对家庭作息安排进行设计和调整（详见活动推荐2）。

教师还发现,在支持幼儿进行作息计划安排时,也应给予幼儿充分的自主空间,因为不同家庭、不同性格、不同生活习惯的幼儿在作息安排上也是不同的。因此,需要尊重每一个幼儿的需求,支持幼儿的个性化设计。

幼儿自制的作息计划更多呈现出家庭中有温度、有情感的特征,因此应引导家长在亲子互动中学会了解孩子情绪变化所反映的心理需求,用陪伴来诠释对孩子的爱,让他们体会到被关爱和温暖、感受到被保护与安全,这也是家园合作进行项目探究的意义所在。

3. 支持与回应

（1）尊重个性,追随需求

每个孩子在作息计划的安排上都有他们的个性化设计,和幼儿园的作息计划有很大的不同。比如,有的孩子在作息里没有午睡的安排;有的孩子因为家庭模式的原因拉长了学习的时间;有的孩子热爱运动,于是安排了充分的运动时间……因此,在保障规律、有序、健康的前提下,我们要尊重和理解孩子的需要,允许他们的"不一样"。在帮助孩子们积累合理安排时间经验的同时,更要引导他们能根据自己的需求进行适宜的自我管理和调整,支持幼儿个性化发展。

（2）提供评价,家园共育

孩子们自主设计的计划需要得到家长的理解和尊重,因此教师邀请孩子在家继续执行自己的作息计划,并邀请家长对孩子的一日生活体验进行观察,对照观察要点,从情绪情感、学习品质、学习方式等角度出发,对孩子所制订的计划给予评价(见表4-1-2"幼儿自制作息"家长观察评价表)。

六、项目成果

在此次的项目探究中,孩子们收获了很多,他们学会了收集整理材料、按照时间顺序安排自己的一天生活,并能够结合自己的实践去分析、反思和调整自己的作息计划,有了项目探究的闭环思维。

我在家里的一天

1. 观察与实录

　　周五,教师请孩子将自己设计的作息计划带回,利用周末时间尝试按照自己的作息计划进行一次"体验",并在周一说说自己的感想。

　　小贾:"这个周末我没有赖床哦,知道早睡早起身体好。"

　　强强:"我喜欢自己设计的作息计划,每一个活动都坚持下来了。"

　　心心:"我设计的作息计划里要画一个小时的画,原来一个小时那么久啊,太难了。"

圆圆："拍球只玩了十分钟,时间太少啦,我还没学会呢!可以再加点时间吗?"

洋洋："爸爸妈妈周末只知道玩手机,现在终于有时间陪我啦……"

2. 分析

孩子的"初体验"呈现出千姿百态的状态,每一份鲜活的作息计划都蕴含着孩子和爸爸妈妈共同的智慧和力量,是他们共同努力的结果。

同时,也有孩子频频"抗议",表达出了对作息计划中部分内容或安排上的"不满",大家都很是期待。在之后的日子里,孩子仍然可以根据共同的"体验"对作息计划进行二轮甚至三轮的调整和完善,感受探究带来的满足和快乐。

3. 支持与回应

在设计、修整了各自的作息后,教师引导家长与孩子共同深入探究。

(1)鼓励和支持孩子继续深度学习

在一日作息安排设计上,教师引导家长鼓励孩子选择一到两个对自己感兴趣的活动内容进行深入探究。如圆圆围绕作息计划中的运动内容(见图4-1-14),在家中进行了自主运动的规划(见图4-1-15),包括确立运动的主题、设计运动的路径、寻找合适的材料、针对问题积极表达自己的见解等。在支持孩子的过程中要兼顾孩子自身的年龄特点和已有经验,同时帮助他们拓展学习的广度和深度;让孩子在与周围环境的互动中积极主动地学习新的认知经验,提高解决问题的能力和思维水平。

图4-1-14 圆圆制订的作息计划

图4-1-15 圆圆围绕作息计划中的运动内容体验她的一天

(2)正面反馈、鼓励迭代

对孩子的探究过程给予适度、积极的鼓励和评价,从饮食、卫生保健、生活方式等多维度进行评价,通过班级群和孩子共同分享成果。同时,鼓励孩子继续坚持开展"一日作息计划"的实践,并对自己制订的作息计划进行新一轮的调整和尝试。

（3）我的时间我做主，幼小衔接巧过渡

大班孩子对小学生活有很多向往，但又有许多困惑。尤其从幼儿园教师的始终陪伴到小学一天的生活交由自己安排，对孩子来说还是具有很大挑战的。基于前期一日作息计划制订的实践，教师尝试通过集体教学活动将幼儿零散而有趣的经验进行梳理、分享，在帮助幼儿尝试从自我管理的角度出发，积累合理安排时间的同时，为顺利过渡小学生活做好准备（详见活动推荐3）。

 **七、项目反思**

1. 基于家庭项目式活动提升亲子互动品质——有一份幸福来自父母

家庭项目式学习是家庭在开展项目式学习活动中，组成以孩子为主、家长为辅的学习共同体，问题的解决是依赖学习共同体一起完成的。一件家里小小的物件、一个家庭公共空间，交给幼儿去独立主导，虽然会把事情的节奏放慢，但是慢下来的过程却给亲子互动创造了无限的可能性。有一份幸福来自父母，当大人有一颗细腻的心去关注孩子，家庭生活的每一个瞬间都将变得有趣起来。

2. 基于家教指导形成家园共育——指导家长，既是信任，也是责任

社会学习是一个漫长的积累过程，需要幼儿园、家庭和社会密切合作、协调一致，共同促进幼儿良好社会性品质的形成。而家长是孩子的第一位老师。家庭开展项目式学习对营造家园共育来说无疑是一次很好的契机，家长与教师之间每一次互动、每一个对话、每一份指导都包含和聚焦着彼此共同对孩子成长发展的关注、关心与关怀。教师基于对幼儿年龄特点和项目式学习需求的指导，能帮助家长充分发挥家庭的教育作用，提高家长的教育能力，形成幼儿园、家庭和社区共育的大环境，建立一种合作、和谐、一致、互补的关系。

3. 基于主动探究促进幼儿成长——会学比学会更有意义

上海市二期课改以后，儿童观、课程观、教育观都发生了变化，强调"让幼儿'会学'比'学会'更有意义"，也更注重幼儿学习方法、能力、习惯等学习品质的培养。在开展家庭项目式学习的过程中，基于资料搜集中评价表的设计，基于一日作息表反复的尝试和调整，既能帮助幼儿厘清思路，使其对问题和探索路径形成更清晰的理解，也为幼儿的思维发展搭建了支架，推动其更深入地思考，并积累解决问题的经验，是培养幼儿思维品质的有效尝试。

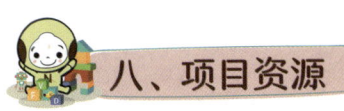 **八、项目资源**

相关资料

1. 绘本推荐：《慌张先生》（河北教育出版社，作者：赖马），《时间的故事》

（长春出版社，作者·〔韩〕全成圆）。

2. 视频推荐：纪录片《学习的人》《追眠记》。

活动评价表

表 4-1-2　"幼儿自制作息"教师、家长观察评价表

内容与要求	观察要点	水平表现一	水平表现三	水平表现五
乐于主动设计、安排自己的一日作息，并尝试丰富、调整一日作息	用一定的方法探究周围感兴趣的事物与现象	能仔细观察、了解不同的作息计划，发现各类计划的明显特征	能通过简单的调查，收集与作息表相关的信息	在帮助下，能制订简单的作息计划，并按计划收集信息
		能用多种感官或动作探索事物，对结果感兴趣	能根据观察结果提出疑问，并运用已有经验大胆猜测	能用一些简单的方法来验证自己的猜测，并根据结果进行调整
	具有书面表达的愿望和初步技能	喜欢用简单的图画或符号表达一定的意思	能用图画和符号表达自己的愿望和想法	能用图画和符号表现事物或想法
体验作息规律带来的变化和好处，形成良好的日常生活习惯	具有基本的生活自理能力和良好的生活与卫生习惯	在提醒下，每天能按时起居，坚持午睡，保持 11 小时以上的睡眠时间	每天能按时起居，坚持午睡，保持 11 小时左右的睡眠时间	每天能按时起居，保持 11 小时左右的睡眠时间
		在引导下，不偏食，不挑食	不偏食、不挑食，不暴饮暴食	进食时能细嚼慢咽
		在帮助下，能穿脱衣服	能自己穿脱鞋袜、折叠衣服，并将衣服摆放整齐	能根据冷热感受增减衣服

（续表）

内容与要求	观察要点	水平表现一	水平表现三	水平表现五
	遵守基本的行为规范	在提醒下，爱护玩具、图书和其他物品，能轻拿轻放，物归原处	在提醒下，能节约粮食、水电、纸等资源	爱护环境，能节约粮食、水电、纸等资源
		在提醒下，不乱扔垃圾，不乱涂乱画	能收拾整理好自己使用的物品	能分类收拾整理好自己使用的物品
对自制作息计划的过程保持浓厚兴趣，专注认真直至任务完成	做事专注、坚持	对感兴趣的活动能持续集中注意一段时间	遇到困难时，在鼓励下能继续进行活动	遇到困难时能多次尝试，不轻易放弃，直到任务完成
	爱提问题	对很多事物和现象感兴趣，并能提出问题	喜欢接触新事物，对新事物充满好奇，喜欢提问	对自己感兴趣的问题会主动追问和探索

活动推荐

活动推荐 1 小组探究"有趣的计时工具"

活动目标

通过个别化学习活动了解生活中常见计时工具的种类及使用方法。

活动材料

时钟、计时器、沙漏、各类积木等。

活动玩法

1. 幼儿通过摆弄各种计时工具，了解它们的使用方法。

2. 幼儿尝试使用计时工具进行各类比赛（如积木垒高等），比比在一定时间内谁完成得多。

3. 幼儿记录使用后的结果，并分享交流。

观察重点

1. 观察幼儿使用各类计时工具的方法。

2. 观察幼儿对时间概念的理解以及读取、记录数字的能力。

活动推荐2 个别探究"幼儿园的作息"

活动目标

通过个别化学习活动了解幼儿园和家庭作息在时间、内容安排上的差异，尝试对家庭作息安排进行设计和调整。

活动材料

幼儿园作息、时钟、记录纸等。

活动玩法

1. 幼儿看懂幼儿园的作息，并尝试通过图文进行表征。
2. 幼儿将幼儿园的作息与家庭作息进行对比，了解不同作息的特点。
3. 幼儿尝试对自己设计的作息进行进一步的调整。

观察重点

1. 观察幼儿对各类作息的理解与表达能力。
2. 观察幼儿对已有计划进行反思、调整的能力。

活动推荐3 集体活动"我的一天"

活动目标

1. 尝试从自我管理的角度出发，积累合理安排时间的经验。
2. 愿意倾听他人想法，并在活动中逐步提升自己反思调整的能力。

活动准备

1. 经验准备：有粗浅的时间观念，知道一天有多长。
2. 材料准备：孩子前期制订的计划、PPT、投影、黑板、手工纸、记号笔等。

活动过程

一、回顾计划、同伴评价

1. 出示前期孩子制订的假期作息计划（见图4-1-16）。

关键提问：说说有哪些地方他做得很棒？有哪些地方可以再做得更好？

2. 用简单的图符梳理计划中的亮点和不足。

小结：看来做计划很重要，它能帮助我们管理好自己的事，安排好要做的事。

图4-1-16 幼儿自制的作息计划

过渡：那么到底怎样安排更合适呢？我们来听听、看看，小学里的哥哥姐姐是怎么安排的。

二、发现问题，梳理归纳

1. 观看视频：小学哥哥姐姐介绍自己一天的生活安排（见图4-1-17）。

关键提问：怎样让自己的眼睛、身体、心情得到充分的休息和放松？哪些事是必须要完成的事？说说理由。

2. 出示图符，梳理问题。

关键提问：这些事完成的时间一样吗？哪些事需要多一点的时间？哪些很快能完成？先完成哪些事比较好？说说理由。

小结：做计划能帮助我们在规定的时间内把要做的事情进行合理安排，告诉自己先做什么，再做什么。

三、反思调整，大胆表达

1. 教师：你认为你的计划需要调整吗？

2. 教师提供记号笔、手工纸，支持孩子进行第二次调整（见图4-1-18）。

关键提问：和之前的计划相比，你做了什么调整？说说理由。

小结：制订计划可以为我们在做事前提供参考，让我们更好地管理自己。但它不是不能变的，因为每个人的想法不同、需要不同，在必要或者紧急的时候也可以做一些调整和改变。总的来说，学会做计划能让我们做事更有条理，说不定在未来我们还会有更多的发现……

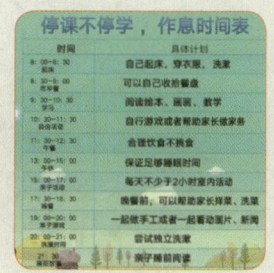

a

b

c

图4-1-17 小学哥哥的一天

a

b

图4-1-18 幼儿调整作息

项目 2
小·宁开班会

大班

一、项目缘起

　　进入大班了，孩子们也进入了关键的幼小衔接阶段，他们对小学生活充满了期待和向往。恰逢教师节，从大宁国际毕业的小学生们来看望老师，并且非常细致地向弟弟妹妹们介绍了小学生活的点点滴滴，分享他们眼中小学和幼儿园不同的地方，例如：小学要做作业，男女生的厕所是分开的，小学生每天都会上不同的课，上完课有下课时间，下课的时候可以做自己想做的事情……哥哥姐姐们滔滔不绝地介绍着自己眼中的小学生活，弟弟妹妹们则听得津津有味，遇到不明白的，还会向哥哥姐姐们提问。其中，"班会活动"这个话题引起了班中大部分幼儿的兴趣，他们非常细致地询问了哥哥姐姐们关于"班会活动"的细节，接着，关于孩子们自己开"班会活动"的探究便热热闹闹地开始了……

二、项目流程图

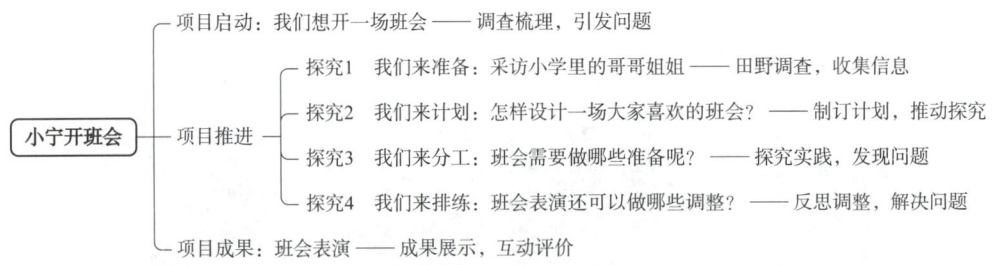

三、目标与要求

　　① 向往小学生活，了解什么是小学班会，尝试自己设计、开展一次班会活动。

　　② 能主动表达自己的需求和意见，形成初步的合作交往能力，提升逻辑思维水平和解决问题的能力。

四、项目启动

1. 环境与资源

① 在幼儿园走道上通过孩子们的游戏共同创设了一个"好小宁"小学公共活动区。

② 教师和孩子共同收集材料，鼓励幼儿主动表达自己的需求和想法，促进幼儿主动、自信、快乐地融入小学学习生活。

2. 收集、梳理"班会活动"的相关问题

① 开展交流分享活动，围绕"哥哥姐姐是怎么开班会的？"话题进行讨论。

② 鼓励幼儿分享交流收集到的关于"哥哥姐姐开班会"的信息，教师帮助幼儿梳理经验。

3. 提出驱动性问题

① 班会主题是什么？

② 开班会需要做些什么准备呢？

 五、项目推进

探究 1　我们来准备：采访小学里的哥哥姐姐

孩子们自己准备开一场班会活动，于是他们简单地列了几个采访问题采访哥哥姐姐，进行了田野调查并互相交流着（见图 4-2-1）……

a　　　　　　　　　　b

图 4-2-1　孩子们采访关于"班会"的提问现场

1. 观察与实录

秋秋："我采访了添添哥哥，他说他们班会活动有主持人主持，还有节目表

演的。"

雯雯："我姐姐读两年级了，她说她们也经常开班会活动。"

乐乐："我让妈妈在网上查到了小学的班会活动都是有题目的，比如注意安全、感谢老师之类的。"

2. 分析

幼儿对小学的班会活动充满兴趣和向往，所以在进行田野调查时大家的兴趣很浓，方式也比较多样，有的是问自己家里的哥哥姐姐，有的是依托家长在网络上查阅信息，有的则是采访幼儿园里的哥哥姐姐。孩子们调查信息的能力呈现多元化，同时他们能制订简单的计划，有一定的计划能力和意识。教师应引导幼儿在采访前期做充分的准备，列好采访提纲，根据提纲有目的、有方向地采访哥哥姐姐们。

3. 支持与回应

（1）对采访的内容进行经验的梳理和回顾

根据孩子们田野调查之后分享交流的内容，教师进行经验的梳理和总结，帮助孩子们认识理解"班会活动"的概念和形式，为之后的探究做准备。

（2）投放相关绘本，观看与班会有关的视频

教师有针对性地提供支持，如讲解相关绘本、一同观看小学班会的视频，为之后的经验做铺垫。

探究 2　我们来计划：怎样设计一场大家喜欢的班会？

在收集了一定的资料之后，孩子们对班会有了初步的认识。于是，他们开始了第一次的讨论……

1. 观察与实录

奥斯卡："你们知道班会怎么开吗？"

秋秋："要先想一点表演的节目吧，还要邀请一点表演节目的人。"

凡凡："我听哥哥说班会还要有主持人的！"

乐乐："上次我妈妈说班会要有一个题目，那我们的班会开什么内容好呢？"

小步："马上秋天了，要不要开一个和秋天有关的班会？"

秋秋："现在正好快国庆节了，不如就开一个给祖国妈妈庆祝生日的班会吧！"

凡凡："这个好，我喜欢给祖国妈妈庆祝生日！"

欣欣："我也觉得，还是开一个给祖国妈妈庆祝生日的班会吧！"

秋秋的提议得到了大家的认同，就这样，孩子们开始策划开展一场"祖国妈妈，我爱你"的文艺班会。

a　　　　　　　　　b

图 4-2-2　孩子们讨论计划、确定班会主题

2. 分析

在此过程中，孩子们积极地和同伴进行讨论，让我们看到了孩子们的自主性。

（1）经验迁移，大胆表达

他们在讨论中首先对之前田野调查的经验进行了迁移，梳理了班会的一些要素，比如表演节目、表演人员、支持人、班会主题等。

（2）积极思考，思维碰撞

他们能够积极地思考，非常有想法，在班会主题的选择上能够结合季节和节日进行筛选。语言表达能力也有所凸显，愿意倾听他人的意见，善于在集体中表现自己。

3. 支持与回应

（1）提供幼儿小组探究的机会，鼓励他们大胆表达

在确定孩子们自己策划开展文艺班会后，教师通过小组探究的方式让幼儿讨论、计划文艺班会的内容和形式。同时，鼓励他们自制节目清单、自己分配同伴的工作、自己找小演员以及准备服装。这一系列的探究活动，不但激发了孩子们主动学习的兴趣，而且培养了他们的任务意识和解决问题的能力。

（2）确保幼儿探究时间，提供材料支持

在此过程中我们要确保孩子们充足的探究时间，如利用来园活动、自由活动、个别化学习等时间，让孩子们自主探究；同时提供一些媒体、材料方面的支持，如主持稿、节目单、音乐等供幼儿自主选择（详见活动推荐 1）。

探究 3　我们来分工：班会需要做哪些准备呢？

通过之前的讨论，孩子们已经确定了班会的节目以及大致的人员分配，于是他们便开始讨论之后分组准备的事宜（见图 4-2-3）……

a

b

图 4-2-3　孩子们自由组合，讨论并分配任务

1. 观察与实录

舞蹈：献上最美的哈达

伊伊："我之前学过'献上最美的哈达'的舞蹈，我可以带着小朋友一起跳。我之前跳这个舞的时候，是带着哈达一起跳的。"

小宇："对对对，舞蹈里有甩哈达的动作。"

秋秋："那正式表演的时候，要准备好哈达。"

伊伊："对！还要穿上专门的舞衣！"

小宇："那音乐怎么办呀？"

秋秋："我让我妈妈下载下来。"

T 台风云

奥斯卡："走秀的时候，穿什么衣服好呢？"

优优："我想穿长长的公主裙！很漂亮！"

祺祺："是为祖国妈妈过生日，穿中国特色的服装吧！"

君君："可以呀！之前妈妈帮我买了一件汉服，裙子也是长长的，也很好看！"

希希："我也有一件旗袍，可以穿来的！"

奥斯卡："那我们就都穿中式服装来走秀吧！"

优优："我看电视里的模特走路跟我们平时走路都不一样的！"

希希："模特走的是猫步，我们跟着学一下就好了。"

君君："到时候，我把我的照相机带来，给走秀的模特拍照片。"

布置舞台

小布："之前我们在大礼堂搞大活动的时候，老师都把那里布置得很漂亮，我们把舞台也布置一下吧！"

宸宸："好呀！儿童节我们表演的时候，我看到大礼堂里有很多漂亮的气球，我们这次也准备一些气球吧！"

芮芮："好的，我们用不同颜色的气球，这样很漂亮。"

小布："气球还有不同形状的，都很漂亮！"

宸宸："那我们一起去找找漂亮的气球吧！"

2. 分析

通过对孩子们讨论情况的记录和解读，我们发现孩子们能够一起讨论、商量，基本上把需要准备的材料、场地、环境布置以及节目排练都考虑得很周全：

- 能够根据班会的主题来选择走秀的服饰。
- 能够根据舞蹈内容，准备合适的服装，并且想到了音乐。

说明孩子们已经有了一定的项目化探究能力以及解决问题的能力。

此外，孩子们对走秀这个节目还不是很有把握，特别是"猫步"等走秀的基本因素，但同时教师发现，在孩子们的讨论过程中，他们对中国传统服饰产生了强烈的兴趣。

3. 支持与回应

（1）根据幼儿探究过程中的需要，有针对性地开展集体活动

孩子们依靠自己和同伴的共同努力，已经将班会需要的东西都准备得差不多了。我们在观察他们的过程中，发现孩子们还遇到了一些困难，同时，也发现了孩子们的一些兴趣热点。因此，针对孩子们的需要，我们设计并开展了集体活动"快乐时装秀"。通过活动，让孩子们对时装秀形成进一步的认识，激发幼儿大胆在同伴面前表演的欲望，从而解决幼儿探究中的难点（详见活动推荐 3）。

（2）鼓励幼儿向同伴介绍自己的民族服饰，满足幼儿的兴趣热点和需要

通过"民族服饰"的小组探究（详见活动推荐 2），一方面，让幼儿能够大胆地在同伴面前进行介绍；另一方面，又将幼儿的个体经验转化为集体经验，不但满足幼儿了解中国传统服饰的需要，而且提高幼儿的民族自豪感以及对祖国妈妈的归属感。

探究 4　**我们来排练——班会表演还可以做哪些调整？**

孩子们在做好了初步的分工以及准备工作之后，投入到忙碌的排练活动中……

1. 观察与实录

在排练的过程中，孩子们发现了很多需要调整的细节。

确定播放音乐的工具

秋秋："我差点就把放音乐的平板电脑摔了，放在这里，有点危险。"

依依："试试上次老师给我们的小音箱，用它来放音乐。"

小宇："小音箱放一次就要开一下，有点麻烦。"

依依："要么我们直接用"天猫精灵"来放音乐，每次只要叫一声就好了。"

调整走秀场地

祺祺："在教室里走秀，地方太小了，没走两步就要撞到墙壁了。"

君君："那我们去走廊上吧！走廊比较长。"

优优："可是在走廊走秀的话，观众怎么看呢？"

奥斯卡："那我们直接去楼上四楼活动室里的T台走吧，这样观众也看得清楚一点。"

希希："好呀，我同意，活动室里还有专门的灯，很漂亮。"

调整布置材料

宸宸："我带了很多不同的气球，把气球吹起来就能够布置舞台啦！"

芮芮："可是这么多气球，我们怎么把它们吹起来？"

小宇："不能用嘴吹，不卫生！"

小布："用气球专门的打气筒，可是我不会弄！"

······

经过了一段时间的讨论，孩子们排除了用气球来布置环境的方案，改用"百宝箱"里的绉纸。他们将彩纸剪成了不同颜色的"流苏"，贴在窗台的栏杆上，还拿来了绉纸，绕在栏杆上，就这样，"舞台"布置好了！

a

b

图 4-2-4　孩子们自己动手布置环境

2. 分析

孩子们在排练的过程中，不断遇到困难和挑战，因此，他们进行了一些调整：

· 根据实际情况找到了最合适的音乐播放工具。

· 能够根据节目调整选择合适的场地。

· 能够与同伴合作，及时调整方案，自主制作装饰物，布置环境。

以上情况说明孩子们具有一定的发现问题、解决问题能力，同时，他们也有一定的思考和调整能力。

3. 支持与回应

（1）最大限度地为孩子提供物质材料以及环境支持

孩子们在排练过程中，通过讨论，想要使用"天猫精灵"来播放音乐。因此，教师将每天充足电的天猫精灵，放在孩子们觉得取放方便的位置；孩子们想要去四楼活动室的 T 台上走秀，教师每次都会陪同；孩子们布置舞台的材料——绉纸，教师也会及时补充，给孩子们创设最好的探究环境以及物质保障。

（2）确保幼儿探究的主动性和自由度，给予幼儿信任和信心

在幼儿排练的过程中，教师要相信孩子自己有能力去处理问题，多观察孩子们的探究过程，鼓励他们在遇到困难时自己尝试解决问题，让孩子真正成为探究活动的主人。

六、项目成果

通过这次的探究活动，孩子们能够主动收集材料，尝试自己制定主题，与同伴一起确定节目、准备资料，并且在过程中不断解决问题、进行调整……在此过程中，孩子们收获了非常宝贵的经验。

班会表演

1. 观察与实录

孩子们一起排练节目、准备道具、布置环境之后，属于他们自己的班会终于开始了！

在主持人的带领下，孩子们都精神抖擞地将自己精心准备了很久的节目，向大家展示：演唱《我爱北京天安门》和《听我说谢谢你》的孩子们，分别展示了他们天籁般的歌声（见图4-2-5a）；两位小舞者穿上漂亮的舞衣，手上拿着哈达，跟着音乐翩翩起舞（见图4-2-5b）；小模特们穿上中国传统服饰，在 T 台上非常自信地展现着他们的魅力……孩子们准备了许久、努力了许久，共同策划、完成了这次精彩的班会。

他们邀请了隔壁班的小朋友，来作为观众和评委，评价这次班会（见图4-2-6）。这次班会，获得了小评委们的一致好评。

a   b

图 4-2-5　孩子们的合唱表演和舞蹈表演

a   b

图 4-2-6　孩子们的走秀表演和观众投票

2. 分析

看着孩子们从讨论、制订计划、排练节目、布置环境到最终成功举办了这次班会，教师作为见证者，一边看着班会，一边被孩子们感动，真的是非常感慨。

孩子们的第一次班会，他们策划了很久，也办得非常成功。两位小主持非常镇定，会提醒下一个节目的小演员做准备。每个节目的演员都准备得很充分，服装、道具、音乐都事先准备好，唱歌和舞蹈虽然略显稚嫩，但是都比较整齐，看得出排练得很认真。

邀请隔壁班级的小朋友来欣赏表演并且进行评价，也是孩子们自发的，说明他们已经很有评价的意识，同时反映出他们对这场由自己负责的班会的自信。

3. 支持与回应

（1）实时记录，感受成功

和孩子们一起将班会从准备到顺利开展的过程，教师都用照片记录下来，制作在一块专门的展板上，并将这块展板布置在教室中。教师与孩子们一起回忆、梳理、总结经验，分析他们哪里做得很棒，让他们享受自己成功策划、举办班会的成就感。

（2）提出建议，未来可期

在让孩子们知道自己哪里做得好的同时，教师也可以及时地对孩子们提出一些建议，比如：演唱歌曲的时候，可以配上一些动作或者队形，让表演更加精彩……

七、项目反思

1. 静静地"等"，相信孩子是有能力的学习者

通过自己策划，孩子们开展了一场"祖国妈妈我爱你"的文艺班会，孩子们在整个过程中，自己制订计划，梳理过程性经验，促进了他们秩序感的发展。同时，驱动性问题"我们怎么设计一个大家喜欢的班会？"的提出，调动了孩子们主动学习的积极性，他们尝试以合作的形式解决问题。教师则需要静静地"等"，给孩子解决问题的时间和空间。

2. 利用恰当的时机和主题，能更好地达成主题目标

在毕业之际开展的"班会活动"，除了让孩子们能够获得自己筹备活动的经验，也能为孩子们建立积极的入学期待。班会是幼儿园没有，但小学有的活动。这次班会的成功开展，让孩子们获得了成就感，也让他们对小学生活更加充满向往，从而激发了更加浓烈的上小学的愿望，这是孩子们开启小学学习生活的情感动力，也是重要的入学心理准备。

八、项目资源

相关资料

绘本推荐：《一年级，我来啦》（安徽美术出版社，作者：［美］D. J. 斯坦伯格），《作业，是什么东西？》（青岛出版社，作者：何捷），《一年级，一点都不可怕》（青岛出版社，作者：何捷）。

活动推荐

活动推荐 1　小组探究"设计节目清单"

活动目标

通过自主讨论、制订计划的方式，制订班会节目单及确定演出人员。

活动材料

纸、记号笔。

活动玩法

1. 幼儿通过讨论，制订班会演出的节目单（见图 4-2-7），并设计主持稿。

2. 幼儿自主分配各自的工作，并确定主持人和演出人员（见图 4-2-8、表 4-2-1）。

图 4-2-7　孩子们讨论、制定节目单　　　　　图 4-2-8　孩子们确定演出人员

表 4-2-1　自制表演清单

表演节目	表演人员	其他分工人员
我爱北京天安门		主持人：
舞蹈"献上最美的哈达"		播放音乐：
合唱《听我说谢谢你》		布置环境：
模特走秀		

观察重点

1. 观察幼儿用图画或者符号表征节目单和主持稿的情况，鼓励幼儿大胆想象。
2. 观察幼儿与同伴协商的情况，引导幼儿主动交往和分配任务。

活动推荐2　小组探究"中国传统服饰"

活动目标

初步认识具有中国特色的不同传统服饰，感受不同服饰的特点。

活动准备

每名幼儿准备一件中国传统服饰并对自己的服饰有一定的了解，纸、笔。

活动玩法

1. 幼儿每人穿一件特色服饰来园，穿了相同种类服饰的幼儿自动组队。
2. 幼儿向同伴介绍自己的服饰（见图 4-2-9），相互欣赏、仔细观察，从而感受中国不同传统服饰的特点。
3. 梳理并总结几个常见民族服饰的特征，并且用笔记录下来。

a   b   c

图 4-2-9　孩子们展示特色服饰并且进行介绍

观察重点

1. 观察幼儿对细节的观察及辨别能力。

2. 观察幼儿对中国传统服饰的兴趣以及大胆介绍自己服饰的情况。

活动推荐 3　集体活动 "快乐时装秀"

活动目标

1. 初步了解时装秀表演的基本要素，知道时装秀是一种展示服装的方式。

2. 愿意大胆在同伴面前表演，尝试与同伴合作展示服装秀。

活动准备

音乐、教师现场展示服装秀、白纸、记号笔。

活动过程

一、看教师表演时装秀，引起兴趣

1. 教师：今天请小朋友看一段表演（两位老师表演时装秀）。

2. 重点提问：

（1）这是什么表演，你喜欢吗？

（2）为什么要有时装秀？

（3）时装秀的演员需要做哪些准备？（道具、排练走位、音乐、定格动作……）

小结：原来时装秀是展示服装的一个舞台，设计师设计的服装需要有专门的模特来试穿、展示，从而让更多的人欣赏这些设计好的服装。

二、学走时装秀

教师：时装秀的走步和我们平时走路一样吗？

教师：原来模特走的是"猫步"，谁愿意来表演一下走"猫步"？

教师：如何才能更好地展示这套服装？（正面、侧面、背面都要进行展示）

教师：时装秀的表演需要合作吗？可以有哪几种出场线路？（请幼儿回答，教师记录线路）

三、幼儿表演时装秀

1. 教师请幼儿自由分组，讨论并策划一场小组时装秀。

2. 幼儿扮演小模特，来一场时装秀（见图4-2-10）。

3. 教师分组点评（从创意、动作、合作等方面）。

a

b

图4-2-10　孩子们尝试走秀

项目 3
小宁做大船

大班

一、项目缘起

　　大宁小花园是大宁国际别具特色的户外游戏场。在这里，孩子们在草坪上奔跑游戏，在花园里感受不同的芳香植物，在树屋里游戏，是一个集游戏、运动、自然探究于一体的户外乐园。这里植被丰富，生态良好，环境优美，是大宁国际的绿地，更是孩子游戏探索的乐园。我们在嬉水区投放了防水装备，天气晴朗的时候孩子们最爱在嬉水区玩水，他们乐此不疲地用小软垫、纸船等材料玩着开船的游戏：大轮船、小木筏、大游轮、豪华游艇……一次次游戏中，他们萌发了一个想法："我们能不能造一艘能载人的船呢？让我们自己站在船上呢？"这个想法得到了孩子们的一致好评，他们跃跃欲试，于是"造船"的项目式学习就这样开始了。

二、项目流程图

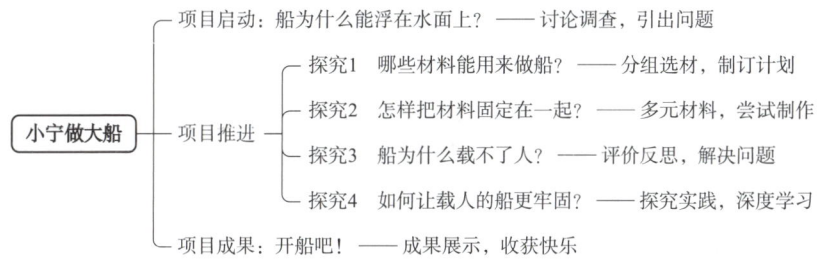

```
                    ┌─ 项目启动：船为什么能浮在水面上？ ── 讨论调查，引出问题
                    │            ┌─ 探究1  哪些材料能用来做船？ ── 分组选材，制订计划
 小宁做大船 ──────────┤            ├─ 探究2  怎样把材料固定在一起？ ── 多元材料，尝试制作
                    ├─ 项目推进 ──┤  探究3  船为什么载不了人？ ── 评价反思，解决问题
                    │            └─ 探究4  如何让载人的船更牢固？ ── 探究实践，深度学习
                    └─ 项目成果：开船吧！ ── 成果展示，收获快乐
```

三、目标与要求

①　体验水的浮力，知道船能载人载物的现象。

②　了解、分析材料的特性，选择适合的材料、工具进行制作。

③　乐于探究，按照计划进行作品的制作，愿意与同伴分工、合作完成任务。

四、项目启动

1. 环境与资源

① 幼儿园丰富的自然环境（如小宁小花园、香草园、沙池、水池等）能够引发幼儿开展各类户外活动。

② 提供丰富的材料引发幼儿深度学习的兴趣，支持幼儿主动学习与探究。

2. 梳理与船有关的前期经验

① 向家长推荐亲子游戏，在游戏中了解生活中常见物体的沉浮情况。

② 进行科学探究小实验（详见活动推荐1），感知水的张力以及水的浮力等于船的重力时船就能浮起来的现象。

③ 在阅读区投放与船相关的绘本，了解船的大致构造与形状，开展集体活动"船"（详见活动推荐2）。

3. 提出驱动性问题

① 船能浮在水面上，和它的外形、材料有关吗？

② 有哪些材料能够浮在水面上？它们适合用来做船吗？

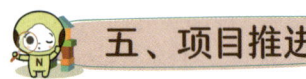

探究1　哪些材料能用来做船？

在了解了常见材料在水中的浮沉情况之后，幼儿进行了材料选择与初期的制作计划分享。

1. 观察与实录

　　琛琛："我们可以用塑料瓶来做船，要很多很多的塑料瓶，把它们粘在一起就可以坐人上去了（见图4-3-1）。"

　　小涵："运动时候翻滚的大桶也能拿来做船，它可以浮在水面上（见图4-3-2）。"

　　欣欣："塑料筐的形状就像一艘船，只要足够大就能坐得下人（见图4-3-3）。"

　　小雨："软垫也能浮在水面上，软软的像床一样，做好了我们都能躺在上面（见图4-3-4）。"

　　明明："船大多数都是木头做的，木头比水轻，木船是最常见的，我们可以用教室里的桌子来制作（见图4-3-5）。"

图 4-3-1 塑料瓶组方案

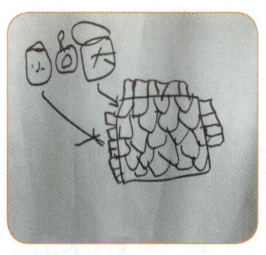

图 4-3-2 大桶组方案

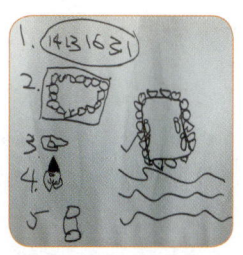

图 4-3-3 塑料筐组方案

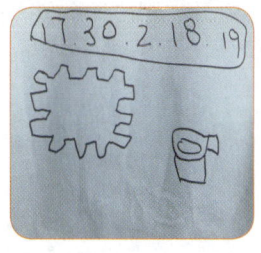

图 4-3-4 软垫组方案

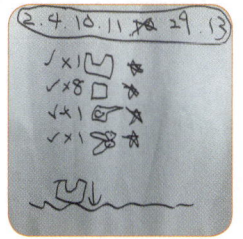

图 4-3-5 木头组方案

2. 分析

（1）多元表征，大胆表达

在幼儿的图文表达中，教师发现他们能运用数字、图画、符号等方式来记录自己制订的计划，记录内容清晰，如用序数来呈现计划的顺序、用符号记录对各类材料探究的结果等，收集信息的方式多种多样。

（2）迁移经验，积极探究

结合讨论的结果，幼儿善于发现生活中的各类材料，并与沉浮现象建立紧密的关联，在探索中发现沉浮等简单物理现象产生的条件及影响因素。

3. 支持与回应

（1）建立材料仓库

每组的想法不一，需要的材料也不一样，对材料的不断筛选、组合和深入探究，也是幼儿创造深入、接受挑战的过程。为此，教师和幼儿们共同搜集生活中常见的可固定的材料，创设材料仓库，为后续的探究提供更丰富的选择。

（2）制订计划书

在项目中，解决问题是一个设计、制作、反思改进的过程，需要引导幼儿在制作之前制订计划。活动初期，教师可以请幼儿基于自己的材料制订造船计划。

探究 2　怎样把材料固定在一起？

孩子们根据自己的计划收集了相关的材料，他们准备开始制作大船了，但是他们遇到了一个问题……

1. 观察与实录

每个小组都如火如茶地开始他们的尝试。

塑料瓶组

幼儿准备用大油桶来做船。油桶摸起来那么滑，个子那么大，该怎么把它们粘起来呢？幼儿遇到了难题（见图4-3-6）：

阳仔："先把塑料瓶的盖子拧紧，这样才不会漏水。"

皓皓："同意！水桶太多了不好绑，可以先把两个水桶用胶带绑在一起。"

琛琛："对啊！绑好了再组合起来，把四个绑起来，最后绑六个，这样就做成一排了。"

康康："六个一排，做两排，这样就做成一个大船了（见图4-3-7）。"

软垫组

软垫组的幼儿也在围绕做船进行了热烈的讨论（见图4-3-8、图4-3-9）：

轩轩："我们可以先把小软垫拼好，拼成一个大的船，再用胶带固定起来。"

小雨："一层软垫肯定不够的，人太重了会沉的，在下面再贴两块大软垫吧，黄色的软垫更厚，浮力肯定更大。"

小乐："船做好了，能浮在水面上吗？人坐上去会沉吗？"

轩轩："人太重了，应该会沉的。"

小雨："去试试就知道了。"

图4-3-6　塑料瓶组遇到了难题

图4-3-7　塑料瓶组进行组合

图4-3-8　小软垫组合固定

图4-3-9　组合大软垫

2. 分析

（1）积极思考，解决问题

在幼儿热烈讨论的过程中，教师发现他们能积极思考解决办法，乐于在动手、动脑以及反复的尝试中寻找问题的答案，对探索中的发现感到高兴和满足。

（2）思维碰撞，自主表达

幼儿围绕话题积极参与讨论问题，层出不穷的想法热烈碰撞着，他们的语言表达在此过程中也得到了升华。

（3）动手动脑，合作无间

过程中，幼儿能够熟练地使用剪刀、胶带等常见的生活工具，分工制作船只，合作能力也得到了一定的提升。

3. 支持与回应

（1）提供多元材料、支持深度学习

材料的组合固定对幼儿来说是有挑战的，使用合适的材料来固定很关键。幼儿所接触的常见固定工具有：胶棒、封箱带、双面胶、绳……考虑到船需要下水等多方面因素，幼儿在尝试之后大多选择了封箱带、泡沫双面胶等材料。

（2）支持幼儿发现问题、调整计划

教师观察幼儿在制作过程中对于原有计划的执行度，并在发现问题后引导幼儿修改计划。

探究 3　船为什么载不了人？

初次制作后，孩子们带着自己制作的船，迫不及待地来到水池边，想下水试一试。

1. 观察与实录

> **塑料瓶组**
>
> 康康："看，船浮起来啦！"（见图 4-3-10）
>
> 阳仔："但是，船太小了，我们没办法坐上去啊。"
>
> 这该怎么办？大家一下子犯了难。
>
> 忽然，琛琛眼睛一亮，盯着他们的计划图纸说："我们原来画的船用的瓶子太少了，如果周围用塑料瓶围一圈，这样更像船，而且还能更稳。"
>
> 阳仔："是啊，就像一圈防护层，让它更像船。"
>
> **软垫组**
>
> 幼儿下水后发现软垫的浮力能够将人浮起来，但是由于软垫不够硬，所以脚踩的地方会下沉，软垫两头会翘起（见图 4-3-11、图 4-3-12）。
>
> 小雨："软垫太软了，我没有办法在上面保持平衡，如果直接躺在上面，我

的衣服肯定都湿光了。"

轩轩："我们可以找个更硬的材料加在上面。"

琳琳："竹筏用的是竹子，我们可以用竹梯加在上面。"

图 4-3-10　塑料瓶作品初次下水

图 4-3-11　软垫组作品下水尝试

图 4-3-12　船不能保持平衡

2. 分析

（1）不怕困难，坚持到底

当遇到各种挑战和难题时，幼儿一张张稚嫩的脸蛋上充满了坚定，他们对待问题不放弃、坚持到底的学习品质深深感染了我们。

（2）评价反思，自主调整

在探究的过程中，幼儿很快发现了问题，在反复的商量和尝试中，他们逐渐发现了问题的根本原因在于船只的外形结构，他们能够结合自主评价对计划进行调整，直至任务完成。

3. 支持与回应

（1）保教并重，关注差异

活动中幼儿根据小组的计划制作，制作之后便进行尝试，在这个过程中幼儿是积极主动的。教师在保育方面提供了支持，在过程中幼儿可能会沾湿衣物，需要提供完善的保育条件，如换洗衣服、吹风机、烘干机等。

（2）交流分享，共享经验

在下水尝试过程中，不同的作品会有不同的情况和问题。教师提供幼儿分享交流和讨论的平台，幼儿可以对自己小组以及其他小组的作品进行评价，并提出建议和解决办法。

探究 4　如何让载人的船更牢固？

在初次尝试后，孩子们发现制作的船并不能载人，那么如何调整呢？怎么样使船变得更牢固，孩子们又开始新一轮探究……

1. 观察与实录

塑料瓶组

幼儿四五成群，围坐在一起，用若干个油桶将底座绕了一圈，但很快，他们发现了一个问题：胖胖的瓶子躺在平平的地上，胶带没有办法和底座完全贴合（见图4-3-13）。

琛琛拿着图纸，反复看、反复想、反复画，和身边的小小不时说着什么（见图4-3-14、图4-3-15）：

① 把底座反过来，用胶带将瓶子与底座进行粘贴。

② 大家一起合作，一人贴，其他人来抬。

③ 贴好了再反过来就能坐人了。

真是个好办法！问题迎刃而解。

软垫组

软垫组将竹梯贴在垫子下，但他们发现船很快沉下去了（见图4-3-16、图4-3-17）。

琳琳："好像竹梯太重了，人踩上去就有点浮不起来了。"

轩轩："怎么办呢？"

这时，塑料瓶组的康康也来张望，看到康康手中的塑料瓶，小雨好似想到了什么："有啦，我们在竹梯空的地方加一些小的塑料瓶吧，塑料瓶能够帮助船浮起来。"

图4-3-13 进行加固

图4-3-14 琛琛分享

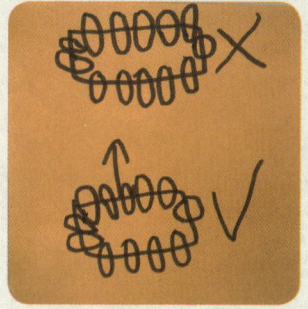

图4-3-15 计划图

图4-3-16 软垫组尝试

图4-3-17 软垫下沉

2. 分析

（1）大胆猜测，分工合作

大班上学期幼儿已经有了粗浅的合作意识和经验，在探究中，幼儿能与同伴积极合作，并交流自己的发现、问题、观点和结果等。同时幼儿遇到问题坚持到底，直至问题解决。

（2）联想生活，挑战难题

当软垫组遇到"竹梯太重"的问题时，能够巧妙地学习和迁移塑料瓶组的经验，用塑料瓶提升浮力，可见幼儿较强的学习和迁移能力。

3. 支持与回应

（1）经验分享，给幼儿表达的机会。

整个活动中，幼儿的探究和计划的实施不是一帆风顺的。过程中会发现很多新问题，针对这些棘手的问题，幼儿并没有放弃，而是反思调整再继续探究。这过程性的学习是非常宝贵的，教师要给予幼儿表达的机会，将自己的经验分享给伙伴们。

（2）举行"小船下水"仪式，帮助幼儿体验成功的快乐。

成果展示是非常有必要的，在这富有仪式感的环节中，幼儿欣赏自己的作品，获得自豪感、成就感，更能激发持续探究的兴趣和动力。幼儿也能在小船下水过程中观察其他小组的小船是如何制作的，丰富自己的经验。

六、项目成果

开船吧！

每个小组的船都制作完成了，我们举行了下水仪式。在船下水之前，幼儿们都很担心能不能成功，小船能浮起来吗？能够坐人吗？

当伙伴成功上船后，大家都欢呼雀跃了起来……

1. 观察与实录

视频

开船吧！

幼儿为了让船变得更牢固，使用各种材料和工具对船进行了最终的调整。随后，孩子们穿上了能下水的防水服，共同将船抬去了水池边。

他们分工明确，一个孩子作为测试员上船进行测试，其他的队员在旁进行保护。起初，孩子们小心翼翼地将船搬入水中，"测试员"蹑手蹑脚地坐上自己制作的船，生怕翻船落水，队员们也目不转睛地看着自己的船。渐渐地，孩子们发现船比想象中更牢固，轻松地承载着自己的重量，他们的动作幅度也越来越大，玩得也越发开心。下水仪式圆满成功！

在活动最后，琛琛提出："我们要做两个大一点的船桨，能让船开得更快。"

2. 分析

（1）成果展示，情绪升华

项目的最后是一个富有仪式感的展示活动。在成果展示中，我们明显感觉到幼儿情绪非常高涨，活动开始前就很兴奋、期待。下水仪式中，所有的幼儿都全身心投入，最后的开船阶段他们的成就感到达顶峰。他们明白，这段时间的努力是有价值的，相信他们之后对类似的活动会更自信、更感兴趣、更敢于尝试。

（2）迁移经验，达成目标

最终每组幼儿都完成了任务，作品体现了孩子们在这段时间的探索和付出。不同组使用的材料是不同的，所以他们遇到的问题、解决的办法也都是不同的，他们能够迁移日常获得的经验来解决生活中的实际问题，也体现了孩子们强大的学习能力。

3. 支持与回应

（1）作品展示，提供更多探索、制作、游戏的机会

提供展览区域，在这个空间里，幼儿可以进行作品的展示与介绍，并且能进一步探索、游戏。我们的项目没有终点，可以根据幼儿的兴趣方向制订下一阶段的探究内容。

（2）梳理项目，回顾整个探究过程

项目的探究过程是多阶段的，在不同阶段解决了不同的问题。项目完成之后教师可以帮助幼儿共同梳理项目的整个流程，分享喜悦与困惑，巩固在项目中收获的新经验。

来看看我们的造船小故事吧（见图 4-3-18 到图 4-3-22）。

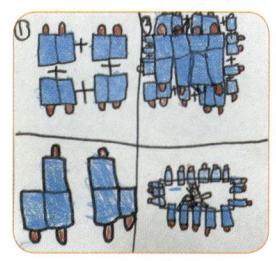 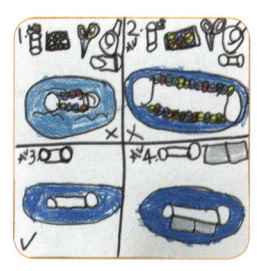 

图 4-3-18 我们把很多塑料瓶绑起来做了一艘船，我们还做了两个船桨，制作非常成功

图 4-3-19 我们之前在大桶的周围贴了很多塑料瓶和海洋球，但是失败了。最后用了一个盖子就让它成功了

图 4-3-20 我走上软垫船的时候很害怕，但是当我发现船很牢固之后，我就不害怕了，大家都在周围看着我们，我很开心

图 4-3-21 大箱子本来就能成功载人，我们把它改进了一下，它更稳了

图 4-3-22 我们一开始发现桌子能浮在水面上，但是不能装人，只需要把它边上包起来不漏水就可以了

七、项目反思

1. 科学探究推进幼儿深度学习

这次造船之旅的实践维持了近一个月，幼儿围绕船的构造——船的材料——船的牢固——载人的船系列探究活动，自主收集资料，尝试运用多种材料制作能够成功漂浮在水面的船，在有趣的操作中获得有价值的体验，将浓厚的趣味转换成灵动的游戏。教师支持了幼儿在游戏中对"船"的科学探究，探索科学无尽的秘密，推进幼儿的深度学习。

整个过程，幼儿进行了观察、预测、记录与讨论，积累了一些沉浮现象与船的结构原理等科学知识，习得了材料组合、固定的探究技能。在真实的学习情境下，锻炼了发现、分析、解决问题的能力；在探究和尝试中，提升了认真专注的良好学习品质，养成了商量、合作、互助等良好习惯。

2. 项目式学习需要关注个体差异

幼儿在活动中的探究能力是有差异的，能力强的幼儿起了主导性的作用，包括计划的制订与实施，而能力较弱的幼儿则跟从他们，参与度相对较低。活动中教师要关注幼儿个体差异，针对不同个体的幼儿进行引导，创设多形式分享的交流平台，给予能力较弱的幼儿表达表现的机会。

八、项目资源

相关资料

1. 绘本推荐：《翻翻书系列：揭秘船舶》（未来出版社，作者：［英］阿妮塔·盖恩瑞、［英］克里斯·奥克雷），《漫画世界科技简史：轮船游啊游》（石油工业出版社，作者：红红罗卜）。

2. 视频推荐：纪录片《船舶巨无霸》。

活动评价表

表4-3-1 "小宁造大船"教师、家长观察评价表

内容与要求	观察要点	水平表现一	水平表现三	水平表现五
体验水的浮力，知道船能载人载物的现象	喜欢探究	喜欢摆弄各种物品，好奇、好问	经常乐于动手、动脑探索未知的事物	乐于在动手、动脑中寻找问题的答案，对探索中的发现感到高兴和满足

（续表）

内容与要求	观察要点	水平表现一	水平表现三	水平表现五
	在探究中认识事物与现象	能感知天气变化，体会其对自己生活和活动的影响	能感知和发现光、影、磁、摩擦等简单物理现象	能探索和发现光、影、沉浮、水的形态等简单物理现象产生的条件或影响因素等
了解、分析材料的特性，选择适合的材料、工具进行制作	在探究中认识事物与现象	能感知和发现材料在软硬、光滑和粗糙等方面的特性	能初步感知和发现常见材料的溶解、传热等性质及在生活中的用途	能了解常见物体的结构和功能，发现两者之间的关系
	用一定的方法探究周围感兴趣的事物与现象	能仔细观察自己感兴趣的事物，发现其明显特征	能观察、比较事物，发现其异同，并进行简单描述	能在观察、比较与分析的基础上，发现并描述事物的特征或变化，以及事物之间的关系
乐于探究，按照计划进行作品的制作，愿意与同伴分工、合作完成任务	具有自尊、自信、自主的表现	乐意接受一些小任务	喜欢承担一些小任务，并尝试做简单的计划	敢于尝试有一定挑战性的任务，能设法努力完成自己接受的任务
	用一定的方法探究周围感兴趣的事物与现象	能用多种感官或动作探索事物，对结果感兴趣	能根据观察结果提出疑问，并运用已有经验大胆猜测	能用一些简单的方法来验证自己的猜测，并根据结果进行调整

🏈 **活动推荐**

活动推荐1　个别探究"浮浮沉沉"

（活动目标）

通过个别化学习活动，探究不同材料在水中的沉浮情况。

活动材料

塑料玩具、木制积木、橡皮泥、回形针、塑料瓶、沙、勺子、漏斗、记录表。

活动玩法

玩法一：将材料放入水中，观察谁沉谁浮。

玩法二：数量不变，改变形状，观察是沉还是浮。

玩法三：如何让沉下去的东西浮上来，浮起来的东西沉下去。

观察重点

1. 幼儿对不同材料、物品在水中沉与浮的观察与记录，以及理解和解释的水平。

2. 幼儿在玩法中，能够根据观察到的现象思考并发现其关系。

活动推荐2 集体活动"船"

活动目标

1. 感知船的不同形态，了解船的基本构造与外形特征。

2. 初步了解大运河上航行的船舶发展历史，体会船舶在人们生活和社会发展中的作用。

活动准备

船的图片，各种绘画辅助工具（白皮书、记号笔、水彩笔、油画棒等）。

活动过程

1. 回顾大运河上"船"的历史和发展。欣赏船舶历史上的代表性图片，幼儿尝试为船舶命名。

2. 展示独木舟，知道这是水上最早的交通工具。

3. 展示其他几艘船的照片，幼儿猜测它们的名字和功能。

小木船：由木材制成，体型相对较小，更轻便，使用更方便。

帆船：帆的作用是利用风来加速船，转动帆可以改变船的方向。

水泥船：由水泥制成，比木船强，不易腐烂。

铁船：我们生活中最常见的船。

4. 了解船舶演变的历史。

关键提问：从最早的木船到现在很常见的铁船，是如何发展的？

5. 了解船舶在人们生活和社会发展中的作用。

关键提问：不同船的主要作用是什么呢？

战舰——保卫祖国　　　　货船——运输物资

游轮——观光旅游　　　　油轮——采矿和运输石油

渔船——渔民捕鱼　　　　竹筏——简易的过河工具

结语

　　"开放""探究"与"自主"，是在大宁国际幼儿园里最常提及的字眼。它们意味着认同、包容和接纳，也强调尊重、信任与支持。

　　在支持孩子主动探究的过程中，大宁国际幼儿园坚守儿童立场，基于孩子的认知发展规律、身心发展特点，为孩子提供适宜的学习路径。幼儿园将更多的自主权交予孩子，鼓励孩子带着问题去寻找、发现、质疑和追问，以形成连续的、递进的、整体的学习过程。孩子们在试错和反思中成长，体验团队的力量，学会建立倾听、协商的人际关系，逐渐提升思考力、专注力、创造力、合作力等面向未来社会所必须具备的能力与品质。每一个孩子都置身于积极主动的探究状态，能根据自己对当前问题的理解，运用已有的知识和特有的经验提出方案、解决问题。与此同时，孩子们更在探索中发现了世界的美好和多元，开阔了视野，丰富了认知，尝试着从多角度看待事物，并以宽广的胸怀理解与接纳世界。

　　"蹲下来看孩子，站起来看世界"是大宁国际幼儿园的"办园理念"，也是大宁国际幼儿园全体教师和家长的信念。所有大宁人立足当下、着眼于未来，愿意躬身聆听，并成为孩子们成长与发展的支架，支持每一个孩子看到世界、看向未来。

我们期待：

在项目探究活动中释放孩子好奇好问的天性，让孩子学得更自由！

在项目探究活动中给予孩子多元体验的权利，让孩子学得更自主！

在项目探究活动中尊重孩子无限发展的可能，让孩子学得更自信！

图书在版编目(CIP)数据

小小探究家:幼儿园项目探究活动/华婷编著. —上海:复旦大学出版社,2023.4(2024.3重印)
ISBN 978-7-309-16794-8

Ⅰ.①小… Ⅱ.①华… Ⅲ.①活动课程-教学研究-学前教育 Ⅳ.①G613

中国国家版本馆 CIP 数据核字(2023)第 053591 号

小小探究家:幼儿园项目探究活动
华 婷 编著
特约策划/方 菁
责任编辑/夏梦雪

复旦大学出版社有限公司出版发行
上海市国权路 579 号 邮编:200433
网址:fupnet@ fudanpress. com http://www. fudanpress. com
门市零售:86-21-65102580 团体订购:86-21-65104505
出版部电话:86-21-65642845
上海光扬印务有限公司

开本 787 毫米×1092 毫米 1/16 印张 12.5 字数 280 千字
2024 年 3 月第 1 版第 3 次印刷

ISBN 978-7-309-16794-8/G・2488
定价:58.00 元

幼儿教师专业成长书系

综合

图说幼教 周念丽 著
幼儿教师的教育哲学观：通向幸福的教育之道 胡华 著
与幼儿对话——这样说，孩子更开心 [日]增田香著 卢中洁 译
儿童早期发展中的观察与评估 [德]沃尔夫冈·波特 等著 王晓 译
儿童学习品质：概念、方法与应用 冯丽娜 著
儿童同伴文化：走进幼儿园田野中的儿童世界 林兰 著
幼儿教育师资有效供给研究 张根健 著
幼儿园课程与教学问答 50 例 吴振东 著

幼儿园管理

幼儿园工作流程图解 张欣 主编
幼儿园区域环创指导 王秋 主编
幼儿园环境创设 郭晓盛 郭海燕 主编
幼儿园应用文写作指导 张欣 刘秦中 主编
学前教育专业毕业论文写作指导 张亚妮 主编
上海市幼儿园信息化建设与应用指南（试行）及标杆园
创建应用案例 上海市教育委员会信息中心学前教育信息部 编

家园共育

家园共育课程 董颖春 主编
幼儿园、家庭、社区协同共育 吴冬梅 主编
课程·教师·共育：幼儿园至真教育 韩凤梅 主编

探究活动与课程

幼儿园探究活动案例 卢娟 唐雪梅 主编
幼儿园探究课程怎么做 唐雪梅 著
在探究中成长——幼儿园科学项目活动精选 肖菊红 主编
在玩中学——幼儿园科学微项目活动精选 肖菊红 主编
在自然中生长——幼儿园亲子游项目活动精选 肖菊红 主编
小小探究家——幼儿园项目探究活动精选 华婷 编著
在做中学——幼儿 STEM 项目活动精选 杨凌 主编
幼儿园田园课程：游戏与学习 黄小燕 著
幼儿园"五动教育" 潘晓敏 主编
听说，故事可以这样"讲"
　　—— 幼儿园文学与艺术统整课程 方红梅 主编
幼儿园民间美术活动设计方案 林琳 主编
当代艺术与美国儿童美术教育 顾菁 著
幼儿园创意美术主题活动方案（上、下） 程沿彤 王燕媚 主编
幼儿园社会体验课程设计 22 例
　　——"小钟娃"社会体验课程构建 李丽丽 主编
致善之路——幼儿园感恩教育探索与实践 欧赛萍 主编

活教育

"活教育"中的食育 周念丽 主编
"活教育"中的托育 李然然 张照松 主编
"活教育"中的托育课程建构与实施 蔡樟清 主编
"活教育"中的民族文化教育 邢保华 主编
"活教育"中的致善教育 欧赛萍 主编
"活教育"中的"三生"教育 郁良军 主编

"活教育"中的山西文化之旅 沃德兰东大 主编
"活教育"中的乡土资源教育 李桂芳 主编
好玩的甲骨文 张红霞 主编

戏剧教育

儿童戏剧教育概论 林玫君 著
儿童戏剧教育活动指导：
　　肢体与声音口语的创意表现 林玫君 著
儿童戏剧教育活动指导：
　　童谣及故事的创意表现 林玫君 著

活用绘本

绘本中的创意美术 林琳 主编
绘本中的音乐创作与活动 周杏坤 兰芳 主编
绘本中的戏剧活动 瞿亚红 主编
绘本中的舞蹈 张海燕 主编
绘本中的科学 应彩云 王红裕 主编
中国原创绘本主题活动设计 郑蕙苡 沈荣 主编

游戏活动与课程

图解游戏：让幼儿教师轻松搞定游戏 鄢超云 总主编
　　余琳 文贤代 吴庆国 主编
图解游戏：让家长秒懂游戏 鄢超云 总主编
　　余琳 文贤代 吴庆国 主编
观察点亮游戏 北京荣和教育儿童研究发展中心 主编
嘉阳的 18 次挑战 鄢超云 余琳 主编
你好，蚕宝宝 鄢超云 余琳 主编
玩帐篷 鄢超云 余琳 主编
做泡菜 鄢超云 余琳 主编
利津户外游戏 赵兰会 刘令燕 主编
童谣游戏 1/2 胡志远 张舒 主编
幼儿园游戏精编 1/2 周世华 刘昕 主编
婴幼儿游戏活动 300 例 程沿彤 主编
幼儿合作性游戏棋：配备、设计制作与应用 郭力平 等著
快乐学数 智慧玩数 陈青 主编
游戏美术 武千峰 卞洁华 主编
回归生活——幼儿园教育活动案例及评析 夏力 主编
幼儿园游泳课程探究 毛美娟 诸君 主编
幼儿运动分解教学 窦作蓉 主编
幼儿足球训练游戏 张光元 陆大江 主编
亲子运动游戏 刘继勇 陆大江 主编
3-6 岁儿童运动游戏实例 陆大江 张勇 主编

婴幼儿托育

0~3 岁亲子早教课程 陈海丹 主编
0~3 岁婴幼儿托育课程设计上册 张星星
0~3 岁婴幼儿托育课程设计下册 张星星
托育机构运营管理实务手册 陈玲
培育 0~3 岁儿童核心素养 寇爽 主编
宝贝和我的幸福时光——祖辈科学育孙指导 何慧华 主编